UN FRANÇAIS
DE TANT DE SOUCHES

DU MÊME AUTEUR

chez Grasset :

LA MACHINE ÉGALITAIRE, 1987.
LA GRANDE ILLUSION, 1989.
L'ARGENT FOU, 1990.
LA VENGEANCE DES NATIONS, 1991.
FRANÇAIS, SI VOUS OSIEZ, 1991.
LE MÉDIA-CHOC, 1993.
WWW.CAPITALISME.FR, 2000.
ÉPÎTRES À NOS NOUVEAUX MAÎTRES, 2003.
LES PROPHÈTES DU BONHEUR, *Une histoire personnelle de la pensée économique*, 2004.
CE MONDE QUI VIENT, 2004.
LE CRÉPUSCULE DES PETITS DIEUX, 2006.
UNE SORTE DE DIABLE, *Les vies de John M. Keynes*, 2007.
UNE HISTOIRE DE FRANCE, 2008.
DIX JOURS QUI ÉBRANLERONT LE MONDE, 2009.
UNE HISTOIRE POLITIQUE DES INTELLECTUELS, 2010.
UN PETIT COIN DE PARADIS, 2011.
L'ÂME DES NATIONS, 2012.
L'HOMME AUX DEUX VISAGES, *Itinéraires croisés : Jean Moulin/René Bousquet*, 2013.
VIVE L'ALLEMAGNE !, 2013.
LE MAL FRANÇAIS N'EST PLUS CE QU'IL ÉTAIT, 2014.

Suite en fin d'ouvrage

ALAIN MINC

UN FRANÇAIS
DE TANT DE SOUCHES

BERNARD GRASSET
PARIS

ISBN 978-2-246-85959-8

© *Éditions Grasset & Fasquelle, 2015.*

INTRODUCTION

Je me suis longtemps lové dans une conception douillette de l'identité française. Il suffisait d'évoquer les mânes des grands ancêtres pour se rassurer à bon compte. Une rasade de Renan : « Une nation est une âme, un principe spirituel... L'existence d'une nation est (pardonnez-moi cette métaphore) un plébiscite de tous les jours comme l'existence de l'individu est une affirmation perpétuelle de vie... L'homme n'est esclave ni de sa race, ni de sa langue, ni de sa religion, ni du cours des fleuves, ni de la direction des chaînes de montagnes. Une grande agrégation d'hommes, saine d'esprit et chaude de cœur crée une conscience morale qui s'appelle une nation... » Une dose de De Gaulle : « Toute ma vie, je me suis fait une certaine idée de la France. Le sentiment me l'inspire aussi bien que la raison... J'ai d'instinct l'impression que la Providence l'a créée pour des succès achevés ou des malheurs exemplaires... »

Un zeste de Banville : « Le peuple français est un composé. C'est mieux qu'une race. C'est une nation. » Une goutte de Bernanos : « Il n'existe pas de race française. La France est une nation, c'est-à-dire une œuvre humaine, une création de l'homme ; notre peuple (...) est composé d'autant d'éléments divers qu'un poème ou une symphonie. » Un doigt de Lamartine : « Ma patrie est partout où rayonne la France... La vérité, c'est mon pays. » Un fond de Michelet : « Nous sommes les fils de ceux qui par l'effort d'une nationalité héroïque ont fait l'ouvrage du monde et fondé, pour toute nation, l'évangile de l'égalité. Nos pères (...) crurent que la fraternité n'était pas l'aveugle mélange des existences et des caractères mais bien l'union des cœurs. Ils gardèrent pour eux, pour la France, l'originalité du dévouement, du sacrifice que personne ne lui disputa ; seule elle arrosa de son sang cet arbre qu'elle plantait. »

La litanie pourrait être sans fin des phrases ronflantes de nos grands maîtres. Tous faisaient leur, avec des mots différents, une même conception : une population aux origines multiples, unie par une conscience de soi, des valeurs communes et une mission exceptionnelle. Point n'était besoin de proclamer cette vérité ; elle coulait de source pour les élèves des écoles primaires dans les années cinquante et des lycées dans les années soixante. Ni culte des origines : breton, auvergnat, italien, républicain espagnol, juif polonais, chacun s'y fondait avec aisance et n'avait plus à se préoccuper de ses racines. Ni doute existentiel : nous appartenions à un pays à part que la Providence – aux yeux des croyants –, le Destin – pour les agnostiques –, l'Histoire – dans l'esprit des matérialistes – avaient choisi pour jouer un rôle exemplaire et, quand il défaillait, ce ne pouvait être que fugitif : après Charles VIII, Henri IV ; après Viviani, Clemenceau ; après Pétain, de Gaulle. Faire siennes de telles convictions c'était, de surcroît pour tous ceux dont les ancêtres venaient de loin, s'identifier aux autres, voisins, camarades de classe, amis, c'est-à-dire s'assimiler.

« L'identité française » ? m'aurait-on demandé, telle une question de cours ou un sujet de « grand oral » et j'aurais, comme un cabri, sauté d'une référence à l'autre pour démontrer *in fine* que, fût-il évoqué de manière trop grandiloquente, le syncrétisme fonctionnait encore. Il est impossible de se libérer aujourd'hui de cette question piège par une telle pirouette. La pression immédiate des événements, le charivari de la société, les brusques soubresauts de l'actualité, mais aussi les effets naturels de l'âge et des trajectoires individuelles :

ni mes congénères du baby-boom ni moi-même ne pouvons désormais nous abriter derrière une réponse aussi convenue.

En fait, chacun bricole son identité française comme il bricole – éternelle leçon de Jacques Monod et François Jacob – son passeport génétique. Tel l'ADN, notre identité se démembre, elle aussi, en maints gènes. Ils mêlent les origines, l'éducation, l'expérience, la « Weltanschauung[1] », les chocs de la vie, les débats intellectuels, une inlassable itération avec la réalité. A certains moments, d'aucuns prennent davantage d'importance puis s'effacent ; d'autres naissent, ressurgissent, disparaissent. De là ce bricolage jamais achevé, rarement stabilisé, toujours renouvelé. En fixer aujourd'hui les éléments constitutifs est un exercice illusoire. Je mesure que, demain, ils peuvent se réagencer autrement, fabriquer une identité à la fois semblable et différente. Parce que l'environnement aura changé. Parce que moi-même j'aurai évolué. C'est donc un arrêt sur image auquel je me prête : ma vision de l'identité française, mélange indissociable de faits objectifs et de réalités subjectives, telle, donc, que je l'ai bricolée.

---

1. Vision du monde dans la philosophie allemande.

CHAPITRE 1

LA FRANCE D'UN ENFANT DE LA M.O.I.

Agé de près de cent trois ans, sentant rôder la mort, mon père m'avait dit vouloir comme seule épitaphe sur son faire-part de décès : « Ancien résistant M.O.I. » Saisi de cette demande, le service du Carnet du *Figaro* fut désemparé : l'intitulé ne figurait pas dans la liste des titres autorisés ; sans doute le préposé ignorait-il même la signification de ces trois lettres M.O.I.[1] Pour l'habitué qu'il était des Légions d'honneur, des préfets honoraires, des présidents, des membres du Jockey Club, des chevaliers de Malte et autres « grandeurs d'établissement » – suivant le mot de Pascal –, la demande semblait bien exotique et peu conforme aux canons de l'ordre social. Seule l'autorité d'Etienne Mougeotte permit de donner *post mortem* satisfaction à ce vieil homme.

---

1. Main-d'œuvre immigrée : branche de la Résistance communiste formée par des immigrés, dont de nombreux Juifs.

Sans doute s'agissait-il pour lui de saisir l'essentiel de sa vie, au moment où elle le quittait. Ancien Résistant ? C'était marquer le lien avec la France et avec le combat qui lui avait permis de devenir français. M.O.I. ? Il aurait, en fait, dû ajouter, pour être précis, membre de la « Section juive de la M.O.I. » : c'était assumer l'identité si compliquée de tout Juif communiste. Français juif n'est pas une identité de tout repos. Français communiste l'est : le temps est loin des procès de l'extrême droite avant guerre, arguant qu'un bolchevik était un mauvais Français ; le parti des « Soixante quinze mille fusillés » a trouvé sa place dans l'imaginaire collectif. Mais Juif communiste était un état bien étrange. Sans ses dirigeants juifs, le communisme serait-il parvenu à ses fins et la Russie serait-elle devenue l'Union soviétique ? Cependant, une fois au pouvoir, le bolchevisme a basculé dans l'antisémitisme. Des premières purges staliniennes au procès des « blouses blanches », des restrictions à la culture yiddish au numerus clausus dans les universités, l'appareil soviétique s'est livré, sans bien sûr l'avouer, à un antisémitisme quotidien dont les départs massifs de Juifs après la perestroïka ont été l'ultime conséquence. Visitant Babi Yar, mes parents avaient été choqués que les trente mille victimes soient présentées comme ukrainiennes et jamais comme juives.

Mais ils avaient toléré, quitte à en souffrir, que le parti communiste français occulte de sa « légende des siècles » l'origine juive de ses Résistants. Ainsi ai-je vécu, bercé par le destin de Joseph Epstein. Ami intime de mon père, ancien des Brigades internationales, homme de l'appareil communiste, chef des FTP de la région parisienne sous le pseudonyme de « colonel Gilles », et à ce titre prédécesseur de Rol-Tanguy, il fut fusillé en avril 1944. Si familier des hommages et des rites, le PC se garda de l'en couvrir. Faire corps avec la France rimait mieux avec l'image d'un Rol-Tanguy qu'avec celle d'un Epstein. Le premier croula sous les honneurs républicains et le culte communiste ; le second, qui avait payé son engagement de sa vie, fut éliminé de l'histoire officielle. Lui qui terminait sa lettre d'adieu à sa femme, écrite le jour de son exécution, par « Vive la France ! Vive la liberté ! » portait un nom aux consonances trop bizarres pour faire un beau héros. Il fallut l'acharnement de Robert Badinter et d'un biographe, Pascal Convert, pour faire ressurgir ce fantôme et le cérémonial d'une commémoration en hommage aux fusillés du mont Valérien pour que soit lue publiquement la lettre d'adieu d'Epstein, en parallèle avec celle de d'Estienne d'Orves, manière élégante de marier dans une même identité française, le Juif communiste et l'aristocrate catholique.

De ces trois termes, Résistant, Juif, communiste, le premier m'a le plus fasciné car rien n'ancrait davantage ma francité. Fils de Résistant vaut quelque chose quand, adolescent, on se veut maladivement français. Mon enfance fut bercée par les histoires de planques, les hasards qui sauvent une vie – un métro en retard, un rendez-vous raté, un coup de téléphone bien intentionné. De là, plus tard, en éternel bon élève, une lecture jamais assouvie de tous les ouvrages possibles sur le sujet. De là aussi une fascination pour le personnage de Brossolette, intellectuel amoureux de l'action, homme de verbe prêt à tous les emballements, esprit cartésien et tête brûlée, personnage de lumière et acteur de l'ombre, au point que je conserve depuis des lustres dans ma serviette, tel un talisman pour quiconque est, comme moi, confronté quotidiennement aux puissants, un fac-similé de la lettre qu'il adressa le 2 novembre 1942 au général de Gaulle :

« ... Je vous parlerai franchement. Je l'ai toujours fait avec les hommes, si grands fussent-ils, que je respecte et que j'aime bien. Je le ferai avec vous, que je respecte et aime infiniment. Car il y a des moments où il faut que quelqu'un ait le courage de vous dire tout haut ce que les autres murmurent dans votre dos avec des mines éplorées. Ce quelqu'un, si vous le voulez bien, ce sera moi. J'ai l'habitude de ces besognes ingrates, et généralement coûteuses. » (Suit un véritable passage à tabac !) « Or il s'agit de la France. Vous voulez en faire l'unanimité. La superbe et l'offense ne sont pas une recommandation auprès de ceux qui sont et demeurent résolus à vous y aider. Encore moins en seront-elles une auprès de la nation que vous voulez unir. Parlons net, nous qui connaissons bien ses réactions politiques : elle aura beau vous réserver l'accueil délirant que nous évoquons parfois : vous ruinerez en un mois votre crédit auprès d'elle si vous persévérez dans votre comportement présent... Peut-être vous étonnerez-vous de me voir vous parler avec cette liberté, et sur le ton d'un homme s'adressant à un autre homme... Ce sont nos consciences qui sont en cause. Et une conscience peut toujours parler d'égale à égale à une autre conscience... »

Cette liberté de ton ne fut guère récompensée : peut-être contribua-t-elle au choix par le Général de Jean Moulin comme son Délégué en France, c'est-à-dire d'un préfet habitué à obéir, de préférence à un intellectuel prêt à jouer le vassal vis-à-vis de son suzerain mais réticent à faire sien le respect de la hiérarchie propre aux hauts fonctionnaires. Le courage de Brossolette se jetant du cinquième étage de l'immeuble de la Gestapo, avenue Foch, afin de ne pas parler sous la torture, est en germe dans sa liberté de ton vis-à-vis du Général.

Nul ne sait néanmoins si, sans cet acte insolent, de Gaulle aurait promu Brossolette. Celui-ci partageait certes la même méfiance que le Général à l'égard des partis politiques de la IIIe République mais, manœuvrier retors, de Gaulle avait besoin de montrer aux Américains que la France institutionnelle d'avant 1940 se reconnaissait en lui. De ce point de vue, l'ancien chef de cabinet de Pierre Cot semblait l'homme idoine. Mais pour quelqu'un qui, comme moi, recherchait dans une Résistance rêvée, mythi-fiée, les racines ultimes de la francité familiale, c'était Brossolette l'idole. Prisonnier de cette admiration, je confesse une méfiance à l'égard de Moulin, préfet de Vichy révoqué à l'automne 1940, après avoir reçu sans sourciller le statut des Juifs et la loi sur les francs-maçons dont il était pourtant bien proche, au moment où Brossolette rejoignait, lui, le réseau du Musée de l'Homme, premier embryon de la Résistance française. Le martyre du futur président du Conseil national de la Résistance balaie, dans l'imaginaire national, ce moment ambigu, et l'avoir rappelé dans une biographie croisée de Moulin et Bousquet[1] m'a valu une volée de bois vert de Jean-Louis Crémieux-Brilhac, gardien vigilant de la mémoire officielle de la Résistance. Mais je persiste et je signe : dans mon petit panthéon personnel, Epstein, d'Estienne d'Orves et Brossolette demeurent incomparables.

A l'image des Résistants de l'intérieur, a fortiori communistes, mes parents occultaient, à la table familiale, l'épopée du gaullisme de Londres. Aussi est-ce *proprio motu* que j'ai découvert la cohorte des sans-grade, des marginaux, des exaltés, des paumés qui ont constitué les premiers rangs gaullistes en 1940. Il n'y avait guère, sauf exception, de bourgeois parmi eux, et de Gaulle ne s'est pas privé de le faire remarquer, recevant les représentants du patronat français à l'automne 1944 : « Je n'ai pas vu beaucoup d'entre vous à Londres. » De même répondit-il à un Michel Debré éploré, le soir du référendum perdu, le 27 avril 1969 : « Ah ! Debré, nous avons bouté les Allemands hors de France ; nous avons empêché les communistes de prendre le pouvoir, mais nous n'avons

---

1. Alain Minc, *L'Homme aux deux visages. Jean Moulin / René Bousquet. Itinéraires croisés*, Paris, Grasset, 2013.

17

pas su enseigner le sens de l'intérêt national à la bourgeoisie. »

Ce Londres des premiers jours est fascinant. Ainsi du dialogue retracé par René Cassin dans ses Mémoires : au moment d'aller parapher le premier accord entre ce qui deviendra la France libre et le gouvernement britannique, celui-ci demande à de Gaulle au nom de qui il doit signer, et le Général de répondre : « Au nom de la France, Cassin. » Et ce dernier d'ajouter : « Si quelqu'un avait écouté aux portes et entendu ce général félon et solitaire répondre à ce petit Juif : "Au nom de la France", il les aurait fait interner. » Admirer cette petite armée de fous de l'été 1940, ne jamais oublier qu'ils n'appartenaient pas, sauf rares exceptions, à la France institutionnelle, est un utile contrepoids aux pesanteurs sociales. C'est une manière viscérale d'accompagner, par un jeu des contraires, le diagnostic de Marc Bloch, dans *L'Étrange Défaite,* sur l'effondrement des élites civiles, morales, militaires, universitaires, plus décisif encore pour expliquer le désastre de 1940 que l'incapacité professionnelle des Gamelin, Weygand et autres ganaches étoilées.

C'est à la Résistance que je dois d'être né français. La xénophobie et le corporatisme de l'avant-guerre empêchaient mes parents d'être naturalisés. Les ordres professionnels se chargeaient d'interdire l'exercice des professions libérales aux étrangers et convainquaient sans difficulté les autorités publiques de refuser toute naturalisation aux immigrés qui, devenus français, auraient pu venir concurrencer leurs membres. Nonobstant leur attitude plus qu'ambiguë sous Vichy, ils continuèrent, même après 1945, de faire prévaloir le même culte du numerus clausus. Ainsi ai-je découvert dans le dossier de naturalisation de mon père, déposé en 1946, les propos peu amènes du syndicat professionnel des prothésistes dentaires et du conseil de l'Ordre : « Joseph Minc n'a qu'un diplôme d'université obtenu à Bordeaux en 1940. Il est donc inconnu d'un point de vue déontologique et professionnel puisqu'il n'a pu travailler jusqu'à cette date qu'en tant que prothésiste. » Au cours de sa séance du 24 octobre 1946, le Conseil a estimé « qu'il ne pouvait donner d'avis quant à cette demande de naturalisation puisque de toute façon les titres de M. Minc sont insuffisants pour exercer l'art dentaire ». Fallait-il que les états de Résistance pesassent pour que l'Etat passe outre et octroie cette naturalisation.

Celle-ci se perdait à mes yeux dans l'archéologie familiale jusqu'à ce jour de 2002 où, obligé de renouveler ma carte d'identité, j'ai dû, suivant les textes en vigueur, exciper de ce décret. Quelle ne fut pas ma rage, moi ancien haut fonctionnaire, major de l'ENA, à l'époque officier de la Légion d'honneur – tout ce qu'il y a donc de plus caricaturalement français – de devoir présenter ce papier jauni à un préposé qui n'en pouvait mais ! Soudainement, le parangon de l'énarchie découvrait, fût-ce un instant, l'éternelle condition de l'immigré. Il est vrai que, pour ne jamais l'oublier, j'ai affiché dans mon bureau la lettre adressée en 1933 par Camille Chautemps, président du Conseil, à Adrien Marquet, maire de Bordeaux, qui intervenait en faveur d'une immigrée « sans papiers » – comme on dit aujourd'hui : ma mère. Radical, franc-maçon, humaniste, bénévolent en 1933, le même Marquet contresignera, comme ministre de l'Intérieur de Vichy, sept ans plus tard, le statut des Juifs : un court-circuit qui résume à lui seul la France de l'époque.

Baigner dans la mythologie de la Résistance conduit trop naturellement au manichéisme. Je n'ai jamais fait mien le mythe véhiculé par les gaullistes et les communistes pour une fois réunis, d'un pays qui devint unanimement résistant. Qui peut prétendre en conscience que dans « les conditions de température et de pression » de l'époque, il serait tombé, à coup sûr, du bon côté ? Combien de fois ai-je dit à mes parents que juifs et communistes, eux n'avaient pas le choix ? Mais les autres ? Au nom de quelle vérité absolue condamner ceux qui n'ont pas décidé et se sont contentés d'appliquer le précepte qu'avait fait sien Sieyès pendant la Terreur : « Qu'avez-vous fait ? J'ai survécu » ? A-t-on le droit d'oublier ces innombrables Français auxquels les trois quarts des Juifs doivent d'avoir survécu ? Ce sont cinq, six personnes qui prenaient anonymement un risque vital pour sauver un seul Juif. Voilà un million et demi de « Justes » – dont seuls trois mille ont été individuellement honorés – qui ont permis aux Juifs vivant en France de survivre dans une proportion incommensurable par rapport à ceux des autres pays occupés.

Davantage de manichéisme s'impose à l'égard des intellectuels. Entre un Sartre, qui fait jouer *Les Mouches* devant un parterre où trônent d'innombrables officiers allemands et un Mauriac que tout poussait à être pétainiste et qui, hormis un petit texte de juin 1940, s'y est refusé, le doute n'est pas permis. Comment, de même, céder à la légende que s'est bâtie Malraux, alors qu'il rejoint le maquis au printemps 1944, à un moment où seul un imbécile aurait pu ignorer que les dés avaient roulé ?

D'où un florilège de sentiments. L'indulgence, voire la compréhension, pour l'ambiguïté des petits et des sans-grade. La colère devant les postures des grands qui se sont offert des rentes à partir d'une résistance de pacotille. L'admiration la plus délibérément ingénue devant les héros, aussi bien ceux de juin 40, parfois à peine adultes, que ceux de juin 41 – cette année d'écart vaut moralement cher –, militants courageux et aguerris du bolchevisme.

Un enfant de la M.O.I. est aussi, par définition, un enfant du communisme, c'est-à-dire d'une étrange famille. Avec ses mots et ses rites : cellule, section, militant, reprise de carte, vente de *L'Humanité Dimanche*. Avec sa prière du matin, la lecture de *L'Humanité* et, pour les plus délurés, tels mes parents, le premier *Libération*, celui d'Emmanuel d'Astier de la Vigerie, prince des compagnons de route, auréolé de son passé de chef de réseau de la Résistance. Avec ses affrontements internes, ses exclus devenus ennemis de la classe ouvrière, tel Charles Tillon tombé du statut de héros de la mer Noire à renégat. Mais aussi avec sa tendresse. Tendresse, en effet, suivant un mot si juste de mon maître Simon Nora qui allait jusqu'à dire avec son sens de la provocation : « On ne comprend rien à l'engagement communiste si l'on oublie qu'au départ, le stalinisme, c'est la tendresse. »

Les militants communistes étaient en général des gens de grand cœur, tel ce couple de paysans du Cher qui avait hébergé pendant la guerre, à ses risques et périls, ma mère et ma sœur et qui a joué, dans ma prime enfance, le substitut de ces grands-parents dont la Shoah m'avait privé. C'est en pensant à eux, à leurs amis, plus exactement leurs « camarades », que je n'ai jamais fait mien le parallèle de François Furet, dans *Le Passé d'une illusion*, entre communisme et nazisme. Tous les raisonnements sur l'équivalence des deux appareils politiques, la description du même réflexe de haine de la bourgeoisie, les croisements idéologiques circonstanciels butent sur une réalité humaine : le communiste de base était un « type bien », pénétré de bons sentiments ; le membre du parti nazi était dévoré par de bas instincts. Rêver d'égalité ne se compare pas à fantasmer sur la supériorité de la race allemande. Si les deux systèmes totalitaires ont multiplié les ressemblances, ni leurs concepts de départ, ni les âmes militantes ne peuvent être mis sur le même plan. François Furet m'objectait que mes afféteries reflétaient mes origines familiales ; je ne le crois pas. Ce communisme de tous les jours était en tout cas patriote, voire cocardier.

Ce n'était donc pas la section française du Komintern, mais un grand parti national, voire nationaliste, qui a bercé mon enfance. Le PC de Maurice Thorez se voulait plus patriote que le gaullisme et a fortiori que les membres de la « Troisième Force », suppôts, aux yeux des responsables de la Place Colonel-Fabien, de l'impérialisme américain. C'était la « vraie » France qui s'exprimait dans les colonnes de *L'Humanité* : née avec les soldats de l'an II, elle réunissait sous son panache les révolutionnaires de 1848, les communards de 1871, les grévistes de 1905, les manifestants du Front populaire et, gloire suprême, les forces les plus vives de la Résistance. S'imprégnait dans mon esprit une image très « sulpicienne » : le Parti communiste rimait avec la nation. Les dirigeants du PC voulaient le faire croire et ils finissaient par y parvenir.

A l'âge auquel la conscience politique s'éveille, cette image d'Epinal s'est vite dissoute : me prétendre mendésiste était, pour moi, un pied de nez à la culture communiste. Mais il demeure néanmoins une petite musique affective dont témoigne la connivence entre enfants de militants communistes, même partis sur l'autre rive du combat politique : on se comprend, on s'envoie des messages codés, on s'adresse des plaisanteries hermétiques pour les autres, on se reconnaît, on partage les affres de l'émancipation. Et même avec les communistes, il demeure un cousinage lointain. Cet éloignement n'a rien de commun avec celui de la génération précédente : douloureux, tortueux, lent. Mes oreilles résonnent encore des conversations entre mes parents : quitter ou non le PC, s'éloigner ou non d'un monde qui fut leur famille d'accueil en France, qui leur a fourni aide, soutien, amis, et qui, à sa manière, avait fait d'eux des Français communistes, donc des Français. Que d'événements auxquels je ne comprenais rien ont balisé ce lent divorce : l'intervention en Hongrie, le « soi-disant rapport Khrouchtchev », le schisme sino-soviétique... Il aura fallu ultimement l'incroyable campagne d'antisémitisme en Pologne en 1967, à l'initiative du général Moczar, dans un pays vidé de ses Juifs par l'holocauste et surtout le refus du Parti communiste français de condamner cette opération délirante, pour que mes parents « rendent leurs cartes ». Cette trop lente émancipation, dont je leur ai souvent fait grief, ne s'est pas accompagnée d'une volte-face à la Annie Kriegel ou à la Alain Besançon, intellectuels devenus aussi radicaux dans leur anticommunisme qu'ils l'étaient dans le stalinisme de leur jeunesse. Esprit plus libre, plus délié, François Furet n'était pourtant pas immunisé contre cette façon étrange de demeurer « tel qu'en lui-même l'éternité le change » : son acharnement à dialoguer avec Ernst Nolte sur la comparabilité du nazisme et du communisme était une manière, consciente ou non, de s'automutiler.

Et même après leur séparation avec le PC, l'attachement à l'esprit « M.O.I. » était pour mes parents une forme de fidélité au Parti communiste français dans ce qu'il pouvait afficher de meilleur : son engagement dans la Résistance. Cela lui était si utile pour faire oublier sa traîtrise au moment du pacte germano-soviétique, ses ambiguïtés après la débâcle, au point d'avoir requis des autorités nazies l'autorisation, certes refusée, de faire reparaître *L'Humanité*, et ses atermoiements jusqu'à l'invasion de l'Union soviétique par les troupes allemandes.

La généalogie d'un enfant de la M.O.I. était aussi compatible avec le modèle dominant de

l'identité française que les racines bretonnes de
Mona Ozouf, telles qu'elle les a décrites dans sa
merveilleuse *Composition française*. Le judaïsme
du *yiddishland* des confins de la Pologne et le
communisme français des années soixante constituent certes deux continents engloutis. Mais ce ne
sont pas les seuls : la Bretagne de Renan ou plus
récemment de Mona Ozouf, le Cantal de l'enfant de Montboudif qu'était Georges Pompidou
le sont tout autant. Sans doute la Catalogne de
Manuel Valls ou l'Andalousie d'Anne Hidalgo
sont-elles plus vivantes : ces terres-là sont en
effet bien présentes au cœur de l'Europe et dans
le débat public.

Face à la carte de l'Empire français – avec
l'Afrique-Occidentale française et l'Afrique-
Equatoriale française si soigneusement colo-
rées – qui dominait encore la classe de l'école
communale de mon enfance, face à la trame
d'images d'Epinal à laquelle s'assimilait le
Malet-Isaac, face à cette France qui s'étendait
de Dunkerque à Tamanrasset, le chemin de la
francité était le même pour tous. J'ai l'impression que les uns et les autres, nous occultions,
consciemment ou non, nos spécificités. Elles cou-
laient en nous, tels des fleuves souterrains ense-
velis sous une épaisseur granitique. Etaient-elles

vouées à ressurgir ? Le jeu de l'âge y conduit-il inévitablement ? Ou l'irruption inattendue de la question identitaire dans le débat public oblige-t-elle chaque Français à redécouvrir son ADN personnel ? Il existe en chacun un peu du destin de Jean Barois, tel que l'a croqué Martin du Gard : terminer sa vie auprès de son pommier... Mais ce réflexe, somme toute naturel, ne joue à mon sens qu'un rôle marginal.

Me serait-il venu à l'idée de me dire enfant de la M.O.I., si la France était demeurée celle des années soixante-dix, au moment où chacun croyait se fondre dans une immense classe moyenne homogène et consumériste ? Je ne le crois pas. Mona Ozouf serait-elle partie à la recherche de ses racines bretonnes ? Ce n'est pas certain. Combien de fils et de filles de collaborateurs auraient éprouvé le besoin de régler publiquement leurs comptes avec leurs parents ? Moins sans doute.

Le mythe a vécu d'une société unie, égalitaire, dont les seuls mouvements seraient assurés par un ascenseur social efficace et dont les différences sociétales, culturelles, identitaires seraient progressivement effacées par les acquêts d'une croissance économique indéfinie. La crise, les crispations face à l'immigration, la hausse ininterrompue du chômage, les dérapages du système pédagogique ont fait litière du Français mythique, atome de cette France de rêve comme l'*Homo economicus* l'est dans la théorie du marché. Une France émiettée et donc des Français à l'identité cabossée : tel est notre destin. A chacun dès lors de se reconstruire : entre passé et présent, racines et avenir.

CHAPITRE 2

LA FRANCE D'UN « MAUVAIS JUIF »

Ne me lassant pas de me présenter comme le « plus mauvais Juif de Paris », je me suis attiré un jour ce sarcasme de Robert Badinter : « Quelle présomption ! » Sans doute avait-il raison : se vouloir « le plus mauvais » ne manque pas d'audace. Mais « mauvais Juif » me paraît néanmoins une juste carte d'identité. C'est une manière de ne pas nier une réalité : je suis juif au sens où Sartre l'entend dans ses *Réflexions sur la question juive*, c'est-à-dire par « le regard de l'autre ».

Aurais-je aimé que mes parents changent leur nom, comme tant d'autres, et prennent leur patronyme de Résistance : Demine, voire De Mine ? Quitte à se fondre anonymement dans la société française, une touche aristocratique aurait couronné la manœuvre. Non, au grand jamais ! Les changements de noms me sont toujours apparus inutiles. Comment ne pas avoir à l'esprit cette anecdote dont *Le Crapouillot* faisait ses choux gras ? Devenu M. de Saint Germain, M. Zwingenstein demande à nouveau à changer ; le préposé s'étonne, et lui de répondre : « Quand on me demandera comment je m'appelais précédemment, je pourrai répondre : de Saint Germain. » S'afficher juif par son nom donne une grande liberté pour se débarrasser, à maints autres égards, de sa judéité et ne garder que « le regard de l'autre ». Sans doute est-ce, appliqué à la « question juive » que l'existentialisme de Sartre sonne le plus juste.

Ce regard-là, je l'ai souvent senti sans qu'il se soit en général traduit en mots. Sauf en deux occasions, si révélatrices d'un pan de notre histoire. Convoqué en 1971 par l'inamovible directeur de Sciences Po, Jacques Chapsal, j'ai entendu ce compliment bizarre : « Je voulais vous dire combien je suis heureux qu'un israélite sorte major de cette maison. » De même, sollicité en 1985 par André Fontaine pour prendre la présidence de la Société des lecteurs du *Monde*, j'ai rendu une visite protocolaire au « Fondateur », comme le désigne encore aujourd'hui la première page du journal. Hubert Beuve-Méry m'a gratifié de sa bénédiction avec des mots quasi identiques à ceux de Chapsal : « Je suis heureux qu'un israélite occupe enfin une place éminente dans ce journal. » Chapsal et Beuve étaient des produits d'Uriage, cette école qui mêlait dans une étrange alchimie un pétainisme civilisé, une filiation catholique plus proche du cardinal Suhard, auquel de Gaulle avait refusé de présider le Te Deum de la Libération, que de monseigneur Saliège, l'archevêque de Toulouse qui s'était dressé contre les persécutions nazies, une kyrielle de bons sentiments, un inconscient qui charriait de sérieux résidus antisémites mais aussi, plus tard, les ingrédients d'un esprit de résistance. Cet Uriage que Bernard-Henri Lévy avait cloué au pilori dans son *Idéologie française*, ouvrage contre lequel Raymond Aron, Pierre Nora, Pierre Vidal-Naquet avaient tonné du haut de leur magistère, désireux qu'ils étaient de ne pas voir déchiqueter le grand manteau d'unanimisme dont la France avait décidé de couvrir les complexités de la période 1940-1944.

Israélite était un mot usuel, si bienvenu pour ne pas nommer juif un Juif, comme si ces quatre lettres portaient leur part de soufre : hypocrisie davantage pratiquée en France que dans la plupart des autres pays occidentaux et qui témoignait du malaise des classes dirigeantes, héritières d'un antisémitisme quasi naturel et désireuses néanmoins de le dominer ou au moins de l'occulter.

Ce débat sémantique a été balayé par la vague communautariste qui submerge la France. Utiliser le mot israélite demeure l'apanage de ceux qui voudraient remonter l'Histoire et retrouver le temps de la comtesse de Chevigné et autres égéries proustiennes pour lesquelles « le petit Marcel » était un israélite raffiné, statut que ce dernier transféra à Charles Swann, israélite jusqu'à son dernier jour aux yeux d'un duc de Guermantes par ailleurs paradoxal dreyfusard.

A ces deux saillies « haut de gamme » près, ne vivant pas dans le « 9-3 », n'étant donc pas sur la « ligne de front », je n'ai jamais été confronté à l'antisémitisme du quotidien, jusqu'à l'irruption d'Internet. De ce point de vue, on comprend rétrospectivement les délations de la guerre en parcourant les blogs et autres réactions que la moindre intervention publique suscite sur la « toile ». Les pseudonymes ont du bon : ils permettent de déverser un torrent de haine qui, au style près, rappelle *Bagatelles pour un massacre*. La civilisation est une mince pellicule de glace qui se fendille facilement et sous laquelle circulent des courants peu ragoûtants.

Il n'y a plus aujourd'hui d'israélites dans le langage commun, mais seulement des Juifs. Lesquels ? Des Juifs de France ? Des Français juifs ? Des Français de confession juive ? Des Français d'origine juive ? Ce ne sont pas de simples débats sémantiques. Ils expriment une vision cachée de l'identité nationale. Je hais l'expression « les Juifs de France », si souvent utilisée avec ingénuité par les plus hautes autorités politiques et morales. Dit-on les Catholiques de France, les Protestants de France, les Espagnols de France, les Antillais de France ? Il n'y a pas plus communautaristes que ces mots. Ils conduisent naturellement à des pétitions de principe aussi bien intentionnées que malvenues : « La France sans les Juifs n'est pas la France. » Affirmerait-on que la France sans les catholiques n'est pas la France ? Cela semblerait absurde. Parler, fût-ce à titre de cauchemar, de la France sans les Juifs, c'est véhiculer, comme sous-jacente, l'existence « des Juifs de France », c'est-à-dire d'une communauté constitutive de l'identité française mais dont on reconnaît le quant-à-soi. C'est tellement à rebours de ma perception : les Juifs ne sont pas de France, puisqu'ils font consubstantiellement corps avec la France.

Des Français juifs ? C'est à mes yeux déjà mieux. Les mots ont un ordre et celui-ci, comme dirait le sémiologue le moins averti, a un sens. Juifs de France, c'est en termes triviaux : Juifs d'abord, français ensuite. Français juifs, c'est l'inverse, c'est Français d'abord, juifs ensuite, c'est-à-dire de façon implicite, accessoirement juifs. L'expression est du même tonneau que Français catholiques ou Français athées, l'une et l'autre banales. Troquer Juifs de France pour Français juifs, c'est glisser, de manière subreptice et bienvenue, du communautarisme à l'intégration.

Français de confession juive ? Expression commode et fausse : identifier le judaïsme à la religion juive, c'est une facilité qui permet de s'abriter derrière la confortable rhétorique laïque : les religions existent mais elles relèvent de la sphère privée. Les Juifs qui ne sont pas de confession juive sont monnaie courante, moi le premier. C'est tout le mystère du judaïsme : une réalité qui n'est ni une confession, ni une race, ni une culture.

Français, dès lors, d'origine juive ? Je fais mienne cette définition mais elle est restrictive. Elle s'applique à ceux qui sont sur la frontière : ils reconnaissent leur judéité, tel un trait que l'on hérite, un signe distinctif qui vous accompagne la vie durant, une parcelle d'identité dont on ne peut se défaire, même si on le veut. Ce n'est pas un hasard si un individu d'origine juive, comme moi, s'intéresse aux Juifs de rupture : Spinoza, Marx, Freud. Pourquoi les Juifs qui ont le plus pesé sur le cours des idées, voire l'histoire elle-même, sont-ils ceux qui ont eu maille à partir avec leur identité ? Le premier excommunié, le deuxième proférant des propos antisémites, le troisième tourmenté par une interrogation à laquelle la tentation serait grande d'appliquer la thérapie freudienne. Le judaïsme serait-il une tunique de Nessus ? Quand on essaie de l'arracher, des pans entiers d'identité s'accrochent à elle. Mais à l'inverse, cette quête d'émancipation est-elle si essentielle qu'elle porte l'esprit, comme chez ces trois Juifs de rupture, jusqu'à l'incandescence ? Peu d'auteurs se sont intéressés à cette question, hormis Jean Daniel qui, avec sa théorie du « judaïsme-prison », met implicitement en exergue ce paradoxe de la pensée juive.

Mauvais Juif par prétérition, Français juif par définition, Français d'origine juive par précision, quelle particularité me reste-t-il ? La religion ? Ayant reçu une éducation maladivement athée, je n'ai lu la Bible que tardivement, au point d'y voir une épopée, à l'instar de *Don Quichotte* ou des *Misérables*, à l'exception de *L'Ecclésiaste* susceptible d'émouvoir tout individu, fût-il dépourvu de la moindre foi. Quand on entend à satiété son propre père raconter que dans son *shtetl* natal, il mangeait du jambon le jour de Yom Kippour en signe d'émancipation provocatrice, on n'est pas porté, par éducation, à découvrir le chemin de la synagogue.

Si l'on considère la religion, suivant le mot de Jorge Semprun, comme une « science de la consolation », on peut proportionner « la part de marché » des cultes à la densité d'espoir qu'ils offrent. De là le triomphe justifié du catholicisme, quitte à laisser de côté l'Islam dont les ressorts me semblent plus hermétiques. Un au-delà qui rime avec la vie éternelle, la perspective d'un espoir *post mortem*, la capacité de se régénérer via la confession et le pardon, la certitude que rien n'est jamais perdu : qu'attendre de plus d'une science de la consolation ? Le calvinisme est infiniment moins souriant : le sort des individus est scellé, dès lors qu'ils ont ou non la grâce immanente ; ce n'est pas une machine à fabriquer de l'espoir. Quant au judaïsme, il n'offre pas de véritable au-delà où les âmes puissent rêver de se retrouver ; c'est à la fois un fil historique que se passent les générations et la quête d'une éthique à laquelle les fidèles ne doivent pas déroger. La place faite à la consolation est dérisoire. On comprend, dès lors, qu'il n'y ait pas de conversion tonitruante au judaïsme ou d'envahissement soudain de l'individu par une foi irrésistible, comme cela arrive au sein du catholicisme. Nul ne connaît de saisissement, dans une synagogue, analogue à celui de Claudel contre son pilier à Notre-Dame ou de découverte de la foi, à l'instar de Jean-Marie Lustiger adolescent dans la cathédrale d'Orléans. Ceux qui reviennent en vieillissant vers le judaïsme ne cèdent pas à un irrésistible soulèvement de l'âme ; ils renouent avec une tradition dont ils s'étaient éloignés.

La religion juive n'exerce, pour tout dire, aucune séduction sur moi. Autant le catholicisme peut susciter une fascination intellectuelle chez un athée – efficacité de la consolation, adaptabilité aux fantasmes de l'individu, organisation de la machine religieuse –, autant le judaïsme est rébarbatif aux yeux d'un esprit rétif. Pour quelqu'un qui se prétend, comme je le fais, « nihiliste rigolard », c'est, à l'instar du calvinisme, une religion asphyxiante. Le catholicisme m'est étranger mais j'en comprends les ressorts.

Israël serait-il, dès lors, un meilleur fondement de l'identité juive ? La guerre de 1967 a lancé l'insupportable débat sur la « double allégeance ». Les antisémites ont été trop heureux de saisir l'occasion au vol, mais les Juifs s'y sont plongés avec fougue et inconscience. J'avais été horrifié, à l'époque, par ces manifestants qui criaient « les Français avec nous » devant l'ambassade d'Israël, comme si eux ne l'étaient pas. Le phénomène n'a cessé, depuis lors, d'empirer. Il ne s'agit pas de ces Français juifs qui décident de faire leur « Alya » vers Israël et émigrent : c'est un choix respectable car cohérent. Mais je ne supporte pas les déclarations, les postures, les prises de position qui donnent le sentiment, de la part d'innombrables responsables juifs, que dans le cas – Dieu merci théorique ! – où il leur faudrait choisir entre la France et Israël, la seconde l'emporterait. Lorsque les mêmes édiles prétendent s'exprimer, sur ce sujet, au nom de la « communauté juive », ils me hérissent car je leur dénie le droit de parler en mon nom. Le monde juif français n'a cessé, sous l'influence des sépharades réfugiés de l'Afrique du Nord, de se durcir parallèlement à une opinion israélienne qui s'est, elle aussi, rigidifiée. De là une osmose idéologique qui ne laisse guère de place à la nuance. Le temps est loin où un Théo Klein pouvait présider le CRIF[1] avec la hauteur de vue d'un héritier des « Lumières ». Puis-je avouer à quel point j'ai été choqué que l'enterrement à Jérusalem des quatre victimes de l'Hypercacher de Vincennes apparaisse naturel ? L'émotion du moment était telle que nul ne s'est étonné que le gouvernement y soit représenté au plus haut niveau, en l'occurrence par Ségolène Royal. Les victimes auraient-elles été inhumées en France, que la République se serait due d'être présente. A Jérusalem, rien n'était moins évident.

Qu'on me comprenne bien : ma position n'est pas anti-israélienne, mais de même qu'en matière religieuse un principe prévaut depuis les origines du catholicisme – ce qui est à Dieu est à Dieu, ce qui est à César est à César –, une règle s'impose aux Français juifs vis-à-vis d'Israël : ce qui est français est essentiel ; ce qui concerne Israël vient par surcroît. Je sais ce point de vue hautement minoritaire et je devine les cris d'orfraie qu'il peut susciter : Juif honteux, ennemi d'Israël, traître à la nation juive… Juif

---

1. Conseil représentatif des institutions juives de France.

honteux : insulte absurde, dès lors que j'assume mes racines. Ennemi d'Israël ? En aucun cas. Telle que l'ont voulue les pères fondateurs d'Israël, l'aventure sioniste était folle et admirable. L'Israël d'aujourd'hui est bien éloigné du mythe des kibboutz et de leurs paysans-soldats. C'est un pays étonnant et insupportable. Etonnant, ce « Singapour bis » hautement démocratique, technologique et doté d'une société civile exubérante, pointe de l'Occident nichée au cœur de « l'Orient compliqué », dont l'impératif militaire n'a jamais mis à terre un système exemplaire de « checks and balances[1] ». Insupportable, l'incapacité de cette nation, pourtant caractérisée par un record en termes de points de quotient intellectuel au kilomètre carré, à avoir une stratégie politique à long terme et à comprendre qu'une fois réglé son problème de « bornage » avec les Palestiniens, Israël serait une grande puissance reconnue au Proche-Orient.

Dans un monde dominé par la technologie, la démographie devient une variable accessoire. Fort de l'assurance-vie que lui donne la bombe atomique, dopé par sa dynamique technologique – le « pays start-up » –, protégé par une armée qui

---

1. Pouvoirs et contre-pouvoirs.

a des décennies d'avance sur ses concurrentes, l'Etat juif aurait vocation à devenir un môle de stabilité dans cette région chahutée, aux côtés d'un Iran qui deviendrait, sans le dire, son allié objectif, et des Etats-Unis, moins omniprésents mais toujours actifs. Cette cécité des Israéliens m'insupporte. La ressenté-je différemment d'un Français non juif ? Je ne le crois pas et ce pour une raison simple. Pour beaucoup de Français juifs, même distants vis-à-vis d'Israël, ce pays constitue, inconsciemment, le refuge ultime en cas de résurrection d'un antisémitisme d'Etat. Ce n'est pas mon cas. Face à cette situation, dont la simple idée me paraît « abracadabrantesque », la « terre promise » est anglaise ou ultimement américaine. La supériorité incontestable des Etats-Unis sur tous les autres pays occidentaux tient justement à cette capacité d'être, en toutes circonstances, le dernier abri sûr. Répondre de la sorte à cette question, si théorique soit-elle, prive de tout élément passionnel mon attitude vis-à-vis d'Israël. Mais je sais ce point de vue immensément minoritaire parmi les Français juifs. Je m'escrime à employer cette expression, là où une plume journalistique aurait dit « parmi ses coreligionnaires », mot que toutes mes fibres refusent, puisqu'il nie ma liberté vis-à-vis du culte juif.

Alors, une nation juive ? Je ne sais ce qu'est une nation sans territoire, sans langue, sans mémoire commune. Un peuple juif ? C'est à la fin des fins une définition raciale et à ce titre, par principe, je la récuse. En dehors du regard sartrien – juif dans l'œil de l'autre –, puis-je trouver une parcelle d'identité à ma judéité ? Oui : l'héritage de la Shoah. Ne pas avoir eu de grands-parents, tous engloutis dans l'holocauste, ne connaître de la famille d'origine que le nucléus parents-enfants crée une spécificité. Mais cela constitue une judéité très particulière, un lien avec la seule communauté ashkénaze. Ce fut pour moi une révélation quand un ami sépharade, dont l'intelligence ne cesse de m'éblouir, m'a dit un jour avec ingénuité : « Je viens pour la première fois de rencontrer un déporté et cela m'a impressionné. Son numéro tatoué m'a bouleversé. » Venue de tout autre individu, cette remarque me serait apparue médiocre. Avancée par cet esprit supérieur, elle m'a fait comprendre à quel point les sépharades sont éloignés de moi. Je connais leur histoire, de l'expulsion d'Espagne au décret Crémieux, leur ancrage religieux, leurs traits culturels, leur manière d'être, mais ils sont aussi différents de moi qu'un pied-noir catholique. Si la Shoah est mon seul lien avec l'identité juive, eux, qui en ont été heureusement protégés, ne partagent avec moi que le mot « juif », tel que peut le proférer un antisémite venimeux. Même quand un sépharade s'empare de l'extermination, au point d'en faire un élément cardinal de sa vision du monde, comme Bernard-Henri Lévy s'y est employé avec permanence et force, sa Shoah n'est pas la mienne . elle est chez lui aussi conceptuelle que la mienne est intime, puisqu'elle rime avec un vide, l'absence de grands-parents.

Malgré les effets ravageurs de la déportation sur mon univers familial, les « camps » ne constituaient pas un fil quotidien des conversations. Sans doute, selon l'attitude des revenants eux-mêmes, mes parents considéraient-ils inconsciemment que le silence seul pouvait répondre à l'indicible. Nous étions pourtant environnés par les ombres de leurs amis qui n'étaient pas « revenus », les avant-bras tatoués de plusieurs de leurs proches, la présence des orphelins de déportés dont mon père s'était occupé au titre de sa vie militante. Mais, à l'instar de la société française elle-même, c'est à partir des années soixante-dix que la Shoah s'est cristallisée en moi. L'atmosphère ambiante s'est soudainement chargée d'une mauvaise conscience collective. Celle-ci s'est nourrie du coup de tonnerre que fut *La France de Vichy* de Robert Paxton, de l'irruption soudaine des écrivains de la déportation, Primo Levi ou Semprun, du choc télévisuel d'*Holocauste*, cette série américaine qui a fait entrer avec naïveté et efficacité l'immensité du crime au sein de chaque salon familial, et surtout de la bombe cinématographique de Claude Lanzmann, ce *Shoah* dont le trait de génie aura été de bâtir une épopée cinématographique sans aucune illustration spectaculaire.

Depuis lors, Lanzmann appartient à mon panthéon. Sans *Shoah*, il serait demeuré un témoin de la geste sartrienne, privilégié par son statut d'ancien amant de Simone de Beauvoir, mais dont le talent se serait cogné aux quatre murs des *Temps modernes*, revue légendaire, inévitablement rentrée, depuis lors, dans le rang. Avec *Shoah*, il a donné un nom éternel à un événement qui, mal dénommé, se serait plus facilement banalisé, et il a fabriqué le témoignage le plus pur, en ayant l'intuition que rien ne rendait mieux l'impensable que l'invisible. Incroyable personnage capable de dicter son chef-d'œuvre, *Le Lièvre de Patagonie*, dans une langue digne d'un Bossuet, dont il vous récite les oraisons funèbres avec la même facilité que de simples quatrains. Narcissique, abusif, pétri d'une mauvaise foi aussi vivace que son orgueil, excommuniant ceux qui lui ont manqué, leur octroyant soudainement son pardon royal, avide de décorations, d'honneurs, d'hommages, c'est un monument porté par la mission historique qu'il s'est donnée. Sans doute est-il parfois lassant de le voir se comporter en propriétaire de la marque « Shoah » dont il octroie à son gré le droit d'usage et les licences, mais c'est un grand homme dans une période qui ne favorise guère leur éclosion. Souvent Lanzmann a-t-il besoin d'être absous pour tel excès de langage, tel jugement à l'emporte-pièce, mais *Shoah* lui a donné un droit de tirage sans limite en billets d'absolution !

Cette identité-là, le fil avec la Shoah, je n'hésite pas à l'affirmer. Ainsi, au moment d'entamer un débat à Berlin, pour le cinquantième anniversaire du traité de l'Elysée, avec Wolfgang Schäuble, je me demandais comment surmonter la difficulté de faire face à un interlocuteur en chaise roulante dont l'infirmité émeut et suscite l'admiration. Aussi me suis-je offert une facilité : « Vous discutez avec quelqu'un dont les quatre grands-parents ont disparu dans l'Holocauste et qui se sent néanmoins chez lui à Berlin, ceci n'est pas mon mérite, c'est le vôtre. » Appartenant à la génération écrasée par la mauvaise conscience historique, le redoutable ministre des Finances a laissé échapper une larme, le débat était gagné. Mon propos n'était pas purement tactique, donc de mauvais goût : il était sincère.

J'admire l'Allemagne d'aujourd'hui, je m'y sens à l'aise, mais c'est le seul endroit du monde où l'ombre portée de la Shoah se glisse à tout instant en moi. Impossible de passer un moment à Berlin sans aller faire quelques pas dans le labyrinthe du monument érigé en mémoire de l'Holocauste. Sans doute y a-t-il une part de *Schadenfreude*[1] dans cette manière d'arborer en Allemagne sa judéité, pour susciter chez les Allemands une attitude mêlant le remords, la révérence et la reconnaissance de voir un Juif les traiter avec affection.

Comme toujours, les choix stratégiques s'ancrent dans l'inconscient autant que dans la raison : ma germanophilie ne procède pas simplement d'une réflexion intellectuelle. Coquetterie ? Un Juif amoureux de l'Allemagne : clin d'œil du destin ? Revanche sur l'Histoire ? Le bonheur du descendant des victimes d'offrir un pardon ? Lien intime ? Une façon de renouer le couple gémellaire entre l'Allemagne historique et le judaïsme ? Ou, à l'inverse,

---

1. Joie honteuse.

volonté de me prouver que la réflexion froide prend le pas sur un réflexe passionnel ? Manière de coller à la démarche d'Henry Kissinger, d'autant plus allemand dans ses réflexions qu'il a dû fuir le Troisième Reich ? Ou, tout simplement, choix politique d'un Français raisonnable, sans que les racines juives y jouent le moindre rôle ?

Le philosémitisme allemand est logique ; le philosémitisme français est plus saisissant, car il répond moins à une nécessaire expiation. Et pourtant, quelle révolution dans le monde catholique ! L'Eglise de France est, de ce point de vue, une héritière exemplaire de Vatican II. Elle ne s'est pas contentée de faire litière, comme le voulait le concile, de la théorie du « peuple déicide » ; elle n'a cessé de proclamer le lien consubstantiel entre le judaïsme et le catholicisme, sans vouloir néanmoins faire de Jésus l'accomplissement du Messie qu'attendent les Juifs. D'où le réflexe devenu naturel du monde catholique : se porter en première ligne face à tout risque d'antisémitisme. Même un athée ne peut qu'être impressionné par une telle bénévolence. L'Eglise n'est certes pas la seule à manifester autant d'énergie. L'Etat, les forces institutionnelles, l'arc-en-ciel politique réagissent à l'unisson ; le protestantisme particulièrement, modelé comme il l'a été par une solidarité de persécuté mais l'Eglise catholique, si longtemps matrice d'un antisémitisme religieux, joue un rôle plus symbolique.

Quelle réaction pouvait inspirer, de ce point de vue, à un « mauvais Juif » la personnalité de Jean-Marie Lustiger ? Un mélange de fascination et de méfiance. Fascinants l'itinéraire, la conversion, le cheminement. Fascinants le charisme, l'éclat et le tempérament. Fascinante la nomination d'un archevêque juif à Paris par un pape polonais, étrange volte-face de l'histoire accomplie par un prélat issu d'une Eglise antisémite et qui, une fois sur le trône de saint Pierre, se livre à cette provocation au regard de la tradition ecclésiastique. Mais aussi méfiance, car on a tout pardonné au cardinal Lustiger, au nom de cette judéité paradoxale : sa pensée si conservatrice qu'elle voyait dans les Lumières la source du totalitarisme, sa rigidité doctrinale, sa vision d'une Eglise en apparence ouverte à la société mais en fait fermée à toute modernité. Mais se manifeste surtout de ma part, une méfiance devant sa volonté de se considérer comme juif. Dès lors que converti, il avait coupé tout lien avec la religion de ses ancêtres, s'affirmer juif comme il le faisait, c'était proclamer qu'il existait ontologiquement une identité juive. Lui ne se voulait à l'évidence juif ni au sens de Sartre, ni par le seul héritage de la Shoah. C'était, à l'entendre, un état de nature bien davantage qu'un état de culture, donc, même s'il n'employait pas le mot, une forme d'identité raciale. Ses obsèques furent, à cet égard, émouvantes et troublantes : catholiques à l'intérieur de Notre-Dame, juives sur le parvis. Les ayant organisées de son vivant, Lustiger connaissait le message qu'il envoyait au-delà de la mort : aucun Juif n'échappe à sa condition ou à son identité. Cette affirmation est la négation de la liberté telle que les existentialistes l'ont définie. Je ne la fais pas mienne. Me déclarant mauvais Juif, je choisis une forme d'identité dans la palette qu'offre le judaïsme, mais je tiens à la liberté de pouvoir le renier, même si je suis convaincu de ne jamais le faire. C'est cette faculté que me refuse la vision du judaïsme exprimée par l'ancien cardinal-archevêque de Paris.

Passée au tamis de l'introspection, ma condition de « mauvais Juif » est une identité seconde, voire secondaire, par rapport à ma citoyenneté française. Je ne vois pas d'exemple plus démonstratif de cette hiérarchie intime que ma colère rentrée devant les carrés religieux dans les cimetières. Dans ces lieux qui n'autorisent ni afféterie, ni hypocrisie, le triomphe du communautarisme au-delà de la mort m'horrifie. Que les tombes portent croix, étoile de David, croissant, rien de plus naturel : c'est une liberté *post mortem*. Mais que la poussière des Juifs ne se mélange pas avec celle des catholiques ou des musulmans, c'est un symbole, à mes yeux, insupportable ! Cette exclusion des uns vis-à-vis des autres est un aveu caché de la structuration *pre-mortem* de la société française. Celle-ci se vit striée par les adhésions communautaires et l'avoue ingénument dans la topographie de ses cimetières.

Accessoirement mauvais Juif, essentiellement bon Français – je l'espère du moins : tel est mon choix.

CHAPITRE 3

LA FRANCE
D'UN SYMBOLE DE L'ÉNARCHIE

Ma jeunesse a été, consciemment ou inconsciemment, bercée par un syllogisme : la France c'est l'Etat ; servir l'Etat c'est s'affirmer français ; le servir à haut niveau, c'est se vouloir infiniment français. C'était une époque où entrer dans un grand corps de l'Etat, technique ou généraliste, équivalait à un brevet d'officier sous l'Ancien Régime, quand le roi dotait un jeune aristocrate d'un régiment dont le commandement était un viatique pour la vie entière. Etre, dans les années soixante-dix, major de l'inspection des Finances signifiait devenir, par un coup de baguette magique, « duc et pair de France » : j'ai vécu avec bonheur – dois-je l'avouer ? – cette métamorphose. Par ambition, sans doute, comme tout étudiant décemment doué, mais aussi comme la seule manière de me glisser au cœur du système français.

Dans ces temps-là, qui ressemblent désormais à une préhistoire sociologique, l'énarchie était respectée, un énarque encensé, un cacique idolâtré. Rien n'était plus français et le pays était fier de ses élites, de leur formation et de leur sélection. L'atmosphère n'avait pas commencé à céder au populisme. La contestation de l'ordre établi existait, certes, mais c'était l'apanage exclusif du Parti communiste, très respectueux au fond de la hiérarchie sociale qu'il prétendait vouloir abolir. Le PC n'a jamais cédé ni au mythe du peuple contre les élites, des petits contre les grands, du pays d'en bas contre celui d'en haut, ni au présupposé que le peuple a toujours raison et que ses dirigeants constituent le seul obstacle à son bonheur. La promotion sociale suivait une filiation simple : grand-père agriculteur, père enseignant, fils polytechnicien ou énarque, ou pour les immigrés une voie accélérée : parents naturalisés, enfants français de naissance devenus, par la grâce de l'élitisme républicain, plus français que nature ! Une fois amarré au système, chacun était assimilé, quel que fût son milieu social ou son origine nationale. La noblesse d'Etat offrait la quintessence de l'intégration à la française : y appartenir signifiait devenir un Français de rang supérieur.

Cette mécanique hyperefficace tremble, depuis quelques décennies, sur ses bases. La technocratie incarnait autrefois le sens de l'Etat, donc la grandeur de la France. Au fur et à mesure des premiers transferts de ses membres vers le secteur privé, elle a subrepticement substitué le sens de l'intérêt général à celui de l'Etat. C'était pour partie un artifice rhétorique mais aussi une saine évolution, parallèle à une formidable mutation idéologique : découvrant tardivement Tocqueville, les élites ont commencé à comprendre qu'à rebours de toute la tradition jacobine, l'Etat n'a pas le monopole de l'intérêt général, et que celui-ci peut être incarné par des institutions autonomes, des fondations, des organisations non-gouvernementales et même – *horresco referens* – des entreprises privées. Combien de hauts fonctionnaires, partis dans le privé, se sont sentis dépositaires d'un intérêt général qui pouvait les amener à gérer d'une manière parfois dissidente par rapport aux exigences du marché ? Beaucoup d'observateurs les ont qualifiés a posteriori de mauvais managers et en ont tiré la conclusion, peut-être hâtive, que leur formation initiale était inappropriée. Ces anciens technocrates essayaient, en fait, de mêler deux logiques, l'intérêt général et le profit, sans comprendre qu'à l'image de deux liquides non miscibles, ceux-ci ne pouvaient se mélanger, sauf à fabriquer des résultats paradoxaux.

Cette ambiguïté n'a plus lieu d'être. Les jeunes aristocrates de la fonction publique qui « défroquent » – suivant le mot méprisant à mon endroit d'un parangon du système, lorsque j'ai rejoint le groupe Saint-Gobain – ne s'abritent plus derrière l'alibi d'un intérêt général, mais deviennent de bons et loyaux serviteurs du capitalisme. Aussi est-ce sur son efficacité que l'élitisme à la française mérite désormais d'être jugé, et non plus sur sa capacité à fabriquer ces grands hauts fonctionnaires qui emportaient l'Etat à la semelle de leurs souliers. Etonnante espèce animale, aujourd'hui en voie de disparition, dont les représentants étaient à la fois différents dans leurs origines et si semblables dans leur manière d'être.

J'en ai installé plusieurs dans mon petit panthéon personnel. Etienne Burin des Roziers, gaulliste de la première heure, aide de camp du Général en 1941, secrétaire général de l'Elysée de 1962 à 1967, diplomate de haut rang sous la IVe République. Son sens de l'Etat lui avait permis, pendant les années 1945-1958, d'occulter son mépris à l'égard des gouvernements qu'il servait, exception faite naturellement de l'épisode Mendès France. A le voir penser et agir, le gaullisme à l'état brut apparaissait comme une doctrine un peu naïve mais gratifiante : la France était « la Grande Nation » – comme disaient d'elle avec ironie au XIXe siècle les Allemands ; l'intérêt national était manichéen ; il surplombait ces catégories subalternes, le socialisme, le capitalisme ; le cap étant fixé, il était loisible de louvoyer autant que nécessaire pour l'atteindre.

Le même ressort animait un Paul Delouvrier, même s'il substituait le goût du geste théâtral à la passion de l'ellipse chère à Burin. D'aucuns se souviennent encore de son discours aux accents cornéliens lorsque, Délégué général en Algérie au moment de la révolte des Barricades en 1960, il déclara à la radio laisser son fils Mathieu en otage aux insurgés, en signe de confiance. Jupiter tonnant, cultivant sa ressemblance physique avec le Général, remodelant la Région parisienne tel Haussmann la capitale, il ne doutait pas que le bien public trouvait à s'exprimer là où lui-même était.

Un Jean-Claude Trichet était fait du même bois, même si les circonstances l'obligeaient à davantage de circonvolutions. Quelle constance, quelle inlassable passion pédagogique ne lui fallut-il pas pour convaincre les gouvernements de gauche et de droite du bien-fondé de sa politique de « désinflation compétitive », puis comme gouverneur de la Banque de France, pour s'opposer, ses graphiques sous le bras, aux adversaires du franc fort, si nombreux dans la bourgeoisie et les cercles dirigeants ? Seule une incroyable certitude intérieure pouvait lui permettre de résister aux sirènes de la dévaluation et de son synonyme, la lâcheté macroéconomique, l'une et l'autre si profondément ancrées dans l'inconscient du patronat français. Président de la Banque centrale européenne, il a été confronté à un défi majeur, mais l'intelligence seule suffisait pour y répondre, tant il pouvait s'arc-bouter contre son statut d'indépendance.

Ces hommes, Burin, Delouvrier, Trichet étaient tout sauf monomaniaques : cultivés, parfois emportés par une passion intellectuelle, telle la poésie pour Trichet, lecteurs invétérés, curieux, ouverts aux autres : des seigneurs au sens mythique du terme.

Et que dire, à cet égard, de mon maître Simon Nora ? Résistant dans le maquis du Vercors,

« père Joseph » de Mendès France, acteur clef de la saga de *L'Express*, homme d'influence à coups de rapports – livres blancs dirait-on aujourd'hui – dont celui sur « l'Informatisation de la Société », à l'occasion duquel il m'a filialement adopté, inventeur du concept de « Nouvelle Société » qui a valu à Jacques Chaban-Delmas une postérité inattendue, esprit sophistiqué qui passait, dans une même phrase, de la Torah à Marx, de celui-ci à l'équilibre de la balance des paiements, de celle-ci à Gramsci, et de ce dernier à l'Ancien Testament pour finir sur l'éternelle question du réformisme. Tant d'intelligence aurait dû conduire Nora à une forme raffinée de nihilisme ; or ce qui l'en empêchait était sa croyance au progrès et au bien commun, ce fil continu tissé du maquis du Vercors jusqu'à son ultime poste public, la direction de l'ENA.

Ces hommes admirables illustrent une catégorie d'une infinie richesse : les Laroque, Bloch-Lainé, Camdessus, Michel Albert, Monod et tant d'autres possédaient en commun le chromosome du bien public. Ont-ils toujours pris les bonnes décisions ? Non, bien sûr. Ont-ils, à certains moments, été déchirés entre « l'éthique de responsabilité » et « l'éthique de conviction » – suivant l'éternelle dichotomie de Max Weber ?

Encore heureux, sinon la réalité aurait été trop simple. Ont-ils eu la certitude d'avoir éternellement raison ? Certes pas – ils étaient trop intelligents pour céder à ce prurit. Quand je contemple cette galerie de portraits, je pense – si tocquevillien que je puisse être – que susceptible de drainer de tels serviteurs, l'Etat mérite davantage de considération que l'air du temps, les dysfonctionnements bureaucratiques, les ratés managériaux, les surcoûts ne permettent aujourd'hui de lui octroyer. Cet Etat-là rime encore à bon droit avec la France. Lorsque le monde entier contemple la qualité des secours, l'ampleur des moyens, l'organisation impeccable au moment de la catastrophe de l'Airbus de Germanwings, il mesure que, fût-elle affaiblie, l'administration française est encore admirable.

Les Nora, Trichet de demain quittent désormais l'administration pour le système capitaliste : ils sortent du confort du monopole de pouvoir que confèrent les aristocraties françaises pour se mettre en concurrence avec des élites formées dans le monde entier. C'est le test ultime : s'ils sont médiocres, les privilèges à l'ancienne n'ont plus de raison d'être ; s'ils sont moyens, l'élitisme républicain n'a pas à être « jeté avec l'eau du bain », comme disent les Anglais ; s'ils sont excellents, notre système méritocratique mérite de survivre, à la condition de représenter décemment la diversité de la société française et de faire fonctionner le plus efficacement possible le supposé « ascenseur social ».

Or, de ce point de vue, la réponse est évidente aux yeux de tout habitué du capitalisme international : les produits de nos grandes écoles valent à la France une place, dans les sphères de pouvoir économique mondiales, très largement supérieure à son poids dans la population des pays riches. Que ce soit dans les sièges sociaux de la Silicon Valley, dans les états-majors des multinationales, dans les incubateurs de start-up, nos diplômés des grandes écoles font bonne figure. Ils ont en général suivi, une fois leur formation française achevée, des cycles dans les meilleures universités américaines et y font merveille. Nos vieilles classes préparatoires enseignent l'art et la manière de travailler avec une efficacité qu'on ne retrouve sans doute qu'à l'université de Tokyo ou de Pékin. Le poids des mathématiques dans nos cursus donne un avantage relatif à tous ceux qui entrent dans la finance ou dans les métiers numériques. Poussé au paroxysme par la spécialité nationale que constituent les concours, l'esprit de compétition les prépare aux univers qui font du marché des talents l'alpha et l'oméga de leurs politiques de recrutement. Le retrait de l'Etat au profit des mécanismes de marché ne sonne donc pas le glas des élites françaises.

Quant aux organisations internationales, elles ont longtemps connu une surreprésentation française, tant les ingrédients de notre haute fonction publique constituaient un atout dans les méandres de l'ONU ou des institutions européennes. Cette rente s'est en revanche peu à peu défaite. Les technocrates français sont des praticiens du pouvoir, à l'image de l'Etat centralisé, hiératique, dominateur dont ils sont les serviteurs. Leurs alter ego britanniques, eux, sont des génies de l'influence telle que l'a pratiquée Londres, des décennies durant, pour dominer un quart de la planète. Un chiffre suffit à résumer cette capacité britannique : moins de mille fonctionnaires civils pour contrôler les Indes, alors que les Français devaient en employer autant au Tchad ou au Sénégal. Or, le monde contemporain fait une place plus grande à l'influence qu'au pouvoir. Trop compliqué, trop imbriqué, trop innervé de relations en tout genre pour que puisse s'exercer la bonne vieille autorité pyramidale, il constitue un terrain de jeux idéal pour un savoir-faire à l'anglaise. Ainsi de Bruxelles, où la puissance française s'est peu à peu dissipée au profit d'une présence britannique d'autant plus paradoxale qu'elle émane d'un pays mauvais élève de la classe communautaire et de plus en plus éloigné de la construction européenne.

Mais pour qui côtoie les élites de la plupart des grands pays occidentaux, la *nomenklatura* française ne fait mauvaise figure ni dans les organisations internationales, ni dans les entreprises mondialisées, ni dans ces innombrables lieux de rencontres où s'élabore l'idéologie dominante. Les Allemands sont efficaces, professionnels, un peu provinciaux ; les Italiens élégants, ductiles, parfois flous ; les Espagnols appliqués, solidaires, décidés, mais confinés à l'immense monde hispanique. Quant aux cercles dirigeants américains, ils sont en pleine mutation. Le temps des Etats-Unis dominés par les « Wasps[1] » et les Juifs s'achève. Dès lors que le pays est de moins en moins occidental et de plus en plus un syncrétisme du monde entier, ses chefs en deviennent l'image. Obama est de ce point de vue moins une exception qu'une anticipation. Lorsque, dans dix ou vingt ans, les Sino-Américains se seront substitués aux « Wasps » et les Indo-Américains aux

---

1. White Anglo-Saxon Protestants.

Juifs new-yorkais, les Etats-Unis seront très éloignés des valeurs et du monde européens C'est avec les élites asiatiques qu'il faudra comparer leurs dirigeants bien plus qu'avec ceux de la vieille Europe. Mais à contempler les responsables américains d'aujourd'hui, nous tenons sans difficulté la comparaison. Hormis les grandes divas de l'Internet – ces post-adolescents devenus les rois du monde –, auxquelles nous n'avons guère de héros à opposer, nos hauts fonctionnaires n'ont rien à envier aux détenteurs des grandes fonctions à Washington, tous bénéficiaires ou survivants du « spoils system[1] », nos financiers aux vedettes de Wall Street, nos industriels à leurs concurrents d'outre-Atlantique.

C'est dans le monde académique que nous ressentons une forme d'infériorité. Les Etats-Unis ont bâti, avec leurs meilleures universités, des « usines » pour former les élites du monde entier, formidable vecteur d'un impérialisme culturel et idéologique. Alors que seuls Oxford et Cambridge peuvent rivaliser avec les Harvard, Princeton, Stanford, Berkeley et autres MIT, les

---

1. Spoils system : système des « dépouilles », c'est-à-dire le changement des dirigeants de l'appareil d'Etat à chaque alternance politique.

institutions universitaires du continent, France en tête, font pâle figure. Si nos grandes écoles fabriquent des dirigeants de bonne qualité, leur organisation n'en fait pas des lieux de recherche et d'excellence. Mais hormis cette dimension, je crois sincèrement que notre technocratie, énarchie en tête, demeure du meilleur niveau et qu'elle ne connaît vraiment comme rivale que la haute fonction publique britannique. Ce n'est pas un hasard si l'une et l'autre portent la tradition de vieilles puissances coloniales. L'exercice de pouvoirs à vocation mondiale a suscité une filiation de responsables ouverts à la complexité du monde et à des réalités qui ne s'analysent pas exclusivement en parts de marché. Chacun devine que, si les Anglais ou les Français avaient eu à mener – ce qu'à Dieu ne plaise – la deuxième guerre d'Irak, ils n'auraient pas enchaîné les erreurs que leur inculture, leur naïveté et leur croyance enfantine au « nation-building[1] » ont conduit les Américains à commettre. Les uns et les autres ont les atouts de l'expérience, de l'enracinement culturel et d'une grande intelligence, si différente soit-elle d'une

---

1. Nation-building : conviction qu'avaient les Américains qu'on pouvait imposer des institutions de type occidental à tout pays.

rive à l'autre de la Manche, empirique d'un côté, cartésienne de l'autre.

Je devine les ricanements que peut provoquer cet éloge, fût-il relatif, de la classe dirigeante française, de la part de quelqu'un qui en représente la quintessence et en est perçu comme la caricature, dans le débat public français. Mais je demeure sincèrement convaincu que notre élite est respectable, de grande qualité et animée par une authentique éthique. Est-elle, à ce titre, un gage incontestable de l'identité française ? Non : incarner celle-ci suppose une raisonnable représentativité par rapport à la diversité de la population et de ses groupes sociaux et ethniques. Il serait illusoire d'imaginer que l'élite puisse être une maquette du kaléidoscope national : ce serait ignorer le poids des hiérarchies sociales et culturelles, mais au moins est-on en droit d'espérer que le mérite et le talent transcendent les barrières, et que les groupes de population les moins représentés au sommet voient leur place augmenter au fil du temps et de la démocratisation supposée de l'enseignement. Or, tel n'est pas le cas, ce qui porte atteinte à la cohésion nationale.

J'appartiens à une génération qui, entre autres viatiques, manifestait en Mai 1968 en ahanant

Les Héritiers de Bourdieu et Passeron. Il y avait un mélange de coquetterie et de naïveté à se réclamer de cet ouvrage dans les classes préparatoires du lycée Louis-le-Grand, illustration parfaite du postulat des *Héritiers*. Ce livre marquait la première approche du « capital culturel », tel que Bourdieu l'a ultérieurement mis en exergue. Je rends d'autant plus volontiers hommage à cette percée conceptuelle que la personnalité de Bourdieu me hérissait à maints égards. Son goût de la manipulation à l'intérieur du monde académique, sa passion des réseaux d'influence, sa capacité à réunir autour de sa personne une secte intellectuelle, son manichéisme, sa prédilection pour les anathèmes et les excommunications, ses certitudes intellectuelles sur des sujets, telle l'économie, qui n'étaient pas les siens, son fantasme de réussir vis-à-vis de la classe ouvrière, là où Sartre avait échoué, sa croyance illuminée en une alliance entre le peuple et les intellectuels dont il se voulait l'inspirateur, son gauchisme attardé à une époque qui aurait dû faire litière de telles illusions : autant de traits qui dessinaient, à mes yeux, un personnage aussi antipathique que discutable. Comme il avait exprimé à mon endroit des sentiments aussi peu amènes, expliquant que je représentais tout ce qu'il abhorrait, je m'estime en droit de lui vouer une irrésistible hostilité *post mortem*. Mais une fois libéré de ces mauvais sentiments, je me sens d'autant plus libre de proclamer que le capital culturel est un concept cardinal, au moins aussi explicatif du fonctionnement de nos sociétés que le capital financier et industriel l'était aux yeux de Marx. Sans doute prisonnier d'une démarche assez stalinienne vis-à-vis de sa propre pensée, Bourdieu est-il allé trop loin, s'enferrant dans une quête, suivant son vocabulaire, des *habitus*, au point de chercher, dans l'usage ou non de la fourchette pour manger une glace ou peler une pomme, une clef des hiérarchies sociales.

Mais pour l'essentiel, Bourdieu avait eu raison en 1968 et davantage encore aujourd'hui. Il démontrait à l'époque la sous-représentation des enfants issus des classes populaires, en particulier du monde ouvrier, au sommet de l'enseignement supérieur, dans toutes les grandes écoles, et singulièrement à l'Ecole polytechnique. Il mettait parallèlement en exergue le poids prédominant des jeunes issus des milieux les plus favorisés et, parmi eux, des enfants d'enseignants et a fortiori de professeurs d'université. Ceux-ci représentaient la quintessence des « *Héritiers* ». C'était – constat plutôt réjouissant – affirmer l'ascendant du capital culturel sur le capital financier. Il valait mieux, pour entrer à l'X, avoir un père professeur à la Sorbonne qu'entrepreneur à succès.

Malgré le collège unique, la démocratisation de l'enseignement supérieur, les mille et une mesures à vocation de placebo, la situation a, depuis lors, empiré. Il y a moins d'enfants de milieux modestes dans les grandes écoles qu'il y a cinquante ans, ce qui constitue, à y réfléchir froidement, une honte collective. Aux Etats-Unis, c'est l'inégalité financière, déterminant principal de la hiérarchie sociale, qui s'accroît : le 1 % le plus riche absorbe 25 % du revenu national contre 8 % il y a un demi-siècle. En France, c'est l'inégalité culturelle qui augmente, avec pour conséquence un système de promotion sociale de moins en moins efficace. Ce qui vaut pour les classes sociales est encore plus sensible en termes d'accès des « minorités visibles » – suivant l'expression rituelle – aux aristocraties méritocratiques françaises.

Une expérience a eu, pour moi, valeur de test. Aux côtés de Jean-Charles Naouri, j'ai contribué à créer, il y a quinze ans, la Fondation Euris. Produits, l'un et l'autre, de l'élitisme républicain, nous voulions favoriser, deux générations après la nôtre, le même processus, en finançant les deux premières années d'études supérieures de jeunes des lycées de zone d'éducation prioritaire, ayant obtenu la mention Très Bien au bac. C'est une démarche à rebours de celle pratiquée à Sciences Po puisque, au lieu de créer une filière particulière d'accès, comme rue Saint-Guillaume, il s'agit de choisir les meilleurs afin de les aider à franchir l'étape des classes préparatoires et de les conduire à Ulm ou à l'X. Pétri de bonnes intentions, le projet s'est pourtant heurté à trois difficultés. Une réticence des proviseurs de ces établissements vis-à-vis d'une initiative privée, fût-elle bien intentionnée : elle a été surmontée ; une ablation des ambitions chez ces jeunes, telle voulant devenir infirmière, qui pouvait prétendre à des études de médecine, tel autre visant un BTS au lieu de rêver, comme il en avait le niveau, d'une grande école. Et pour ceux qui étaient prêts à jouer le jeu des grandes écoles, les résultats se révélèrent en deçà de nos illusions de départ : nous avons placé bien plus de nos boursiers dans des institutions de moyenne réputation qu'à l'X, aux Mines ou à Centrale. Si brillants bacheliers fussent-ils, ils perdaient du terrain vis-à-vis de leurs concurrents des grands lycées au moment où les oraux font une part décisive à l'aisance, à la culture générale, voire aux codes sociaux. C'est une démonstration *in vivo* des présupposés « bourdivins ».

Le même constat vaut-il en matière de promotion chez nos rivaux « es élites », les Britanniques ? Ceux-ci pratiquent à l'égard de leurs minorités le même type de politique que leurs prédécesseurs vis-à-vis des élites des colonies, brahmanes indiens au premier chef, transformés en élèves d'Eton, puis en étudiants d'Oxford quasi caricaturaux. Résultat : lorsque, dans une réunion annuelle franco-britannique, nos amis Anglais nous demandent ironiquement combien il y a de beurs parmi nous, nous semblons piteux à côté des musulmans d'origines indienne, pakistanaise ou nigériane qui figurent en leur sein. Comment ne pas être interpellé par le propos de Tidjane Thiam, polytechnicien franco-ivoirien qui, à force de sentir au-dessus de sa tête un « plafond de verre », est parti au Royaume-Uni où il est devenu le patron de Prudential, la première compagnie d'assurances britannique, qu'il vient de quitter pour la direction du Crédit Suisse ? Ce qu'un fils d'immigré juif polonais pouvait accomplir aisément, à condition d'être un bon étalon scolaire, est bien plus difficile pour un Noir ou un beur. Quant au cheminement agriculteur-instituteur-normalien Ulm, il relève de l'image d'Epinal ou de l'exception. Si triste soit-il, le diagnostic est aisé à poser : une société a besoin d'élite, nonobstant les cris d'orfraie des populistes ; celle-ci doit être aussi représentative que possible, « inclusive » – suivant le mot à la mode tiré de la vulgate politique anglo-saxonne ; si elle l'est de moins en moins, sa légitimité est atteinte. La technostructure était incontestée, aussi longtemps qu'elle ressemblait à une aristocratie du mérite ; si elle devient, à son tour, une noblesse de sang ou de connivence, elle perd sa raison d'être.

Face à ce constat, toutes les solutions méritent examen. La première est la plus naturelle et la plus hypocrite : ne rien changer et s'interroger sagacement sur les moyens de rendre plus spontanément démocratiques le système scolaire et par conséquent le recrutement par concours. C'est une illusion, du moins à moyen terme : dans tous les pays occidentaux, le monde éducatif fait une place grandissante au capital culturel et à la reproduction sociale. Avec, partout, les mêmes explications : l'enseignement de masse, l'affaissement des valeurs de mérite dans la culture dominante, les effets ravageurs de l'audiovisuel, l'affaiblissement des structures familiales... La litanie est infinie. La deuxième solution n'est pas neuve ; elle semblait en 1968 la réponse naturelle au diagnostic des « *Héritiers* » : supprimer les grandes écoles – y compris Normale sup, l'X, l'ENA *et alii* – et offrir le monopole de la formation supérieure à l'Université. Ce serait pure folie : la France s'accommode, plus ou moins bien, d'universités moyennes au regard de la concurrence internationale, parce qu'elle dispose de grandes écoles dont le niveau est unanimement reconnu. Sans celles-ci, son déclassement serait irrémédiable. Que ce système dual ne soit pas optimal, c'est une évidence ! Trop d'excellence et de privilèges d'un côté, trop de paupérisation et de marginalisation de l'autre. Mais au moins disposons-nous des dirigeants dont le pays a besoin pour affronter le bain glacé de la compétition mondiale. Quant au concours, il demeure ce que Churchill disait de la démocratie : « le plus mauvais de tous les systèmes, à l'exception de tous les autres ». L'anonymat des écrits interdit le délit de faciès et l'éthique des jurys parvient, en règle générale, à l'éviter dans les oraux.

Si l'ENA était supprimée, comment recruter les hauts fonctionnaires ? Sur dossier ? Ce serait la voie ouverte aux jeux d'influence et aux réseaux, comme l'a été si longtemps la nomination des chefs de service dans les grands hôpitaux Sur concours, au niveau des corps de l'Etat ? C'est reporter quelques années plus tard le problème : il n'y a guère de chances que la représentativité sociale des heureux élus s'accroisse massivement. En fait, seule une discrimination positive à l'américaine – une *affirmative action* – pourrait changer significativement la situation, mais elle est aujourd'hui à mille lieues de l'état d'esprit du pays. Nous en sommes encore à discuter d'anicroches de bon sens au principe d'égalité pour les allocations familiales ou le remboursement des dépenses de médecine de ville. C'est dire combien l'idée de donner des points supplémentaires aux concours de l'X ou de l'ENA aux candidats issus de milieux modestes ou de la diversité est hors de portée. Se heurtant aux principes constitutionnels, elle supposerait une révision de la Constitution, propre à mettre l'opinion publique à feu et à sang. Il existe néanmoins un « trou de souris » – j'y reviendrai – par lequel il serait possible de copier le système américain.

La discrimination positive à la française doit donc être empirique. De la part des responsables publics, afin de promouvoir des élus représentatifs des « minorités visibles » : la pression électorale, la volonté de drainer les voix de ces communautés amènent le monde politique à être, de ce point de vue, plus audacieux que les autres catégories de dirigeants, comme maints exemples en témoignent.

De la part des patrons de la haute fonction publique. Ceux-ci sont en dernier ressort les ministres, mais autant ces derniers sont sensibles au problème comme responsables politiques, autant ils sont pusillanimes dès qu'ils prennent leurs habits de chef des grandes administrations.

De la part des chefs d'entreprise, de loin les plus conservateurs, puisque leurs « électeurs », c'est-à-dire leurs actionnaires, ne les y poussent pas : la bourgeoisie d'affaires française est confondante de pusillanimité, comparée à ses équivalentes américaine, britannique ou allemande.

De la part des responsables de médias, d'autant plus entreprenants en la matière que leur univers recèle de nombreux talents issus de la population immigrée qui ont pu s'imposer d'eux-mêmes, sans avoir à vaincre les défenses que le système traditionnel de pouvoirs a dressées autour de lui.

De la part des caciques du monde académique qui, malgré leur liberté d'allure proclamée, se comportent encore en propriétaires terriens hostiles à toute forme de braconnage.

De la part, plus généralement, des acteurs de la société civile, lorsqu'ils comprendront à la fois l'urgence d'agir et l'impossibilité, en la matière, de s'en remettre à des lois ou des mesures proclamées depuis l'Olympe du pouvoir.

Poussée dans ses retranchements par la pression populiste, l'élite française a la tentation de jouer Fort Chabrol, de s'arc-bouter contre sa présumée compétence, de faire des concessions purement formelles à la meute médiatique et de s'estimer le bouc émissaire d'une contestation inique. Son désarroi est compréhensible, mais il ne doit pas la conduire à occulter l'interrogation que les démagogues ne soulèvent guère, car elle est contraire à leur vision xénophobe et fermée du monde : est-elle décemment représentative de la population française d'aujourd'hui ? Si la réponse est, comme je le crois, négative, notre élite est moins légitime pour incarner, comme elle a su le faire si longtemps, l'identité nationale. De là une situation paradoxale : l'évolution nécessaire de la *nomenklatura* vers davantage de diversité ne pourra qu'aggraver la haine des populistes et xénophobes de tout acabit. A leur agressivité vis-à-vis de « ceux d'en haut » s'ajoutera leur frustration d'y voir moins de Français de souche.

Quand je regarde mon milieu ambiant, je nous trouve nombreux, nous les enfants d'immigrés, républicains espagnols, mineurs polonais, ouvriers italiens, juifs étrangers, aux côtés des descendants des aristocraties du sang, du savoir et du pouvoir. Le même constat pourra-t-il être fait, dans trente ans, à propos des beurs, Haïtiens, Maliens ? J'en doute. Peut-être les Asiatiques, fils et filles de Chinois et de Vietnamiens échapperont-ils, seuls, à cette fatalité. De là le sentiment lancinant et mélancolique d'appartenir à la dernière ou avant-dernière génération pour laquelle le modèle de méritocratie républicaine aura encore fonctionné, apportant de la sorte une contribution majeure à la cohésion nationale.

CHAPITRE 4

LA FRANCE D'UN THURIFÉRAIRE
DE LA MONDIALISATION HEUREUSE

Tout acteur du débat public laisse des mots sur son chemin. Participant depuis plus de trente ans au « cirque » idéologique et politique, j'ai, tel le Petit Poucet, semé à cet égard plusieurs petits cailloux. Celui qui m'a valu le passage à tabac le plus régulier est « mondialisation heureuse ». Que n'ai-je entendu ou lu ? Une telle expression est une insulte au peuple en souffrance, à la cohorte des chômeurs que la globalisation a privés de leur emploi, aux pauvres dont le niveau de vie s'est affaissé sous les coups de boutoir du libéralisme triomphant, aux classes moyennes en perdition, aux salariés aux conditions de vie dégradées, aux jeunes sans avenir, aux vieux aux retraites incertaines, aux femmes laissées hors du marché du travail, aux paysans ruinés par les importations sauvages... C'est en fait une insulte à toute la France, hormis l'étroite minorité qui s'enrichit indûment par la grâce du libre-échange. Un thuriféraire de la mondialisation heureuse n'est qu'un agent du grand capital, un serviteur de l'oligarchie mondiale et naturellement un cosmopolite avec, pour certains contempteurs, l'arrière-fond nauséabond que leur inspire cette référence, quasi synonyme de Juif.

Au sein de cette cohorte de protestataires plus ou moins virulents, plus ou moins authentiques, nul ne s'interroge sur une évidence : pour une bonne partie de l'humanité, la mondialisation est bien davantage qu'heureuse ; c'est un miracle. Pour les Chinois entrés par centaines de millions dans la classe moyenne. Pour les Indiens désireux de les suivre sur cette voie. Pour les Africains, qui commencent à tirer profit d'un niveau de croissance inimaginable il y a dix ans. Pour les Brésiliens, trop heureux de vendre leurs matières premières agricoles à la Chine. Jamais l'économie mondiale n'a crû aussi rapidement de son histoire, même en tenant compte des effets négatifs de la crise de 2008-2009.

Seule une poignée d'opinions publiques à l'échelle de la planète s'acharne à croire que la mondialisation est source de malheurs et, parmi celles-ci, la française est sans doute la plus négative. C'est, appliquée à la sphère économique, la manifestation d'un pessimisme dont nous sommes les recordmen mondiaux, avant les Irakiens et les Afghans, même si ce constat hallucinant mérite d'être tempéré car, négatifs sur le futur de notre pays, nous sommes optimistes sur nos avenirs individuels. Etrange nation qui voit soixante-cinq millions d'individus optimistes pour eux-mêmes se déclarer pessimistes collectivement. Le refus de la mondialisation participe de cette bizarre psychologie.

Mais derrière cet affrontement sur la mondialisation – heureuse ou non – et ce délire sur un enjeu sémantique se profile un clivage beaucoup plus essentiel entre deux France. Ce n'est pas un hasard si, en 1995, Philippe Séguin et moi avions donné ce titre – *Deux France* – à un livre de débat où s'exprimait à l'état brut ce combat. Celui-ci n'a cessé, depuis lors, de s'accentuer au rythme des difficultés et du déclin français. Il s'assimile de plus en plus au face-à-face entre la France de la fermeture et la France de l'ouverture. Cette ligne de partage traverse l'échiquier politique, l'univers idéologique, le monde culturel. C'est désormais la meilleure grille de lecture des débats français. D'un côté, Guaino, Chevènement pour les responsables politiques, Mélenchon et Le Pen pour les populistes, Onfray comme intellectuel de bonne tenue, Zemmour au titre des agitateurs médiatiques, Régis Debray en guise de gardien du temple, Paul Thibaud pour la variante catholique et tant d'autres. De l'autre, le cercle de la raison politique, de Valls à Juppé, de Hollande à Sarkozy, les libéraux du type d'Ormesson ou Casanova, les cosmopolites – diraient d'aucuns – Bernard-Henri Lévy, Jacques Attali, voire moi. Entre les deux camps, une armée de penseurs déchirés, les Gauchet ou Finkielkraut, pris entre la passion des racines et la fatalité des grands espaces.

Il existe une exception française. Dans la plupart des pays occidentaux, la globalisation va de pair avec une quête des racines, au point de voir des Etats ancrés dans l'histoire, comme le Royaume-Uni ou l'Espagne, vaciller sous le poids des irrédentismes écossais et catalan. Mais l'Ecosse et la Catalogne ne veulent pas tourner le dos au monde : elles se déclarent au contraire ardemment européennes et internationalistes et transforment de la sorte leur volonté de s'impliquer directement dans les grands courants mondiaux en un instrument contre Londres et Madrid, perçus comme oppresseurs. L'une et l'autre rêvent naïvement de devenir des Singapour européens, c'est-à-dire des comptoirs de l'économie mondialisée. Rien de tel dans la frilosité française : elle ne joue pas le monde contre l'Europe, mais ne veut ni de l'Europe, ni de la globalisation.

Ce hiatus fermeture/ouverture porte en lui une myriade de désaccords. Sur la conception de la République : le choc, suivant les mots d'aujourd'hui, entre « républicains[1] » et « démocrates » est la perpétuation, sous une forme civilisée, donc débarrassée du climat de la Terreur, du débat entre jacobins et girondins.

Pour les républicains, le suffrage universel est la seule source de légitimité et la loi l'unique manifestation possible du droit. Le Conseil constitutionnel est un empêcheur de tourner en rond ; la question préjudicielle de constitutionnalité, une procédure antidémocratique qui nie l'essence supérieure de la loi ; les principes généraux du droit, une invention démoniaque qui abaisse artificiellement la liberté du peuple souverain. De même les autorités administratives indépendantes, ces « ovni » juridiques en pleine expansion, attentent-elles à la majesté d'une administration monolithique et toute-puissante. Le déni de démocratie le plus absolu est, sous cet angle, l'indépendance de la Banque centrale. Insupportable, quand il s'agissait simplement de la Banque de France, celle-ci devient encore plus monstrueuse lorsqu'elle est l'apanage d'une

---

1. Pas au sens du parti politique qui s'intitule désormais « Les Républicains ».

institution fédérale, la Banque centrale européenne. Aux yeux de ceux qui se sont habile-
ment emparés du mot « républicains », l'idéal
suppose un peuple souverain, un législateur
tout-puissant, une administration omniprésente,
une monnaie soumise au pouvoir politique et,
s'il le faut pour y parvenir, une dose plus ou
moins grande de protectionnisme, un contrôle
des mouvements de capitaux, une porte à peine
entrebâillée sur le monde extérieur.

Pour nous, les « démocrates » – puisque nous
étant fait chiper l'adjectif « républicains » nous
devons faire nôtre ce vocable –, la vision s'inverse
évidemment terme à terme. La démocratie ne se
définit pas sur le seul critère du suffrage universel, mais aussi sur l'intensité des pouvoirs et
contre-pouvoirs. Il existe à ce titre des principes
juridiques supérieurs à la loi, des institutions
qui détiennent, indépendamment de l'Etat, des
parcelles d'intérêt général, des mécanismes d'ar-
bitrage entre elles, une administration encadrée
par de strictes règles de droit, une monnaie qui
échappe à toute mainmise politique.

Ce clivage a traversé la gauche : c'était, au-delà
du choc personnel Mitterrand-Rocard, la bataille
entre la première et la deuxième gauche ; il était
aussi intense à droite, entre libéraux et souverainistes. Dans les deux occasions où le suffrage

universel a eu à trancher entre ces visions, les référendums sur Maastricht et la Constitution européenne, le partage des eaux s'est fait au sein de chacune des familles politiques. Entre 1992 et 2005, dates des deux votes, aucun mouvement tectonique n'a affecté les continents idéologiques, hormis de rares volte-face, tel Laurent Fabius votant oui à Maastricht et, par opportunisme politique, non à la Constitution, ou à l'inverse François Fillon passant, lui, du non au oui. Je dois confesser que, dans le regard que je me permets de porter sur la classe politique, les choix faits lors de ces deux scrutins prennent le pas sur tous les autres désaccords potentiels. Sans doute y mets-je une pointe de manichéisme. Du côté du bien, les « oui, oui » ; du mal, les « non, non ». Quant aux « non, oui », ils m'apparaissent en voie de rédemption, mais les « oui, non » me semblent, eux, hautement condamnables. J'oserais dire que je les excommunie dans mon esprit, bien davantage que les « non, non », eux, irréductiblement obscurantistes. A chacun de perdre, sur certains sujets, le goût des nuances ; pour moi, ce sont ces votes qui m'aident à séparer le bon grain de l'ivraie, ce qui, de temps à autre, est une facilité gratifiante.

Nous, les « démocrates », n'avons pas eu les grands porte-parole que cet enjeu méritait. Raymond Aron était implicitement des nôtres mais il n'a jamais mis son exceptionnelle puissance conceptuelle au service de cette vision du monde. Jean-François Revel, de la même manière, ne s'est pas assigné ce rôle : prisonnier de son tempérament, l'épée toujours sortie du fourreau, l'anathème à portée de phrase, il a pourfendu à l'occasion les républicains, moins d'ailleurs le camp dans son ensemble que les individus, tant son goût du sang était grand, mais il s'est dérobé à la tâche plus essentielle et moins excitante de moderniser Tocqueville et d'en être l'utile successeur. Autre dérobade : François Furet. J'étais de ceux qui, révérant cet homme, souhaitaient lui voir tenir le rôle. Il avait remis au goût du jour Tocqueville, bouleversé l'historiographie de la Révolution française aux dépens des antiennes marxistes, fait de l'Histoire, plus qu'aucun autre historien, une arme politique. Mais s'étant attaqué aux colonnes du temple, il hésitait devant cette mission. Peut-être aurait-il fini par l'accepter si un accident de tennis – le comble pour un intellectuel – ne lui avait ôté la vie. A la différence d'Aron, Furet avait du style, dans son écriture et dans la vie. C'était un seigneur, heureux de se fâcher pour un bon mot, proférant des méchancetés avec concupiscence, regardant le monde politique avec une indulgence fugitive et ne perdant son relativisme qu'à propos du communisme qu'il avait servi jusqu'en 1956. Sans doute cet ancien communiste ne s'estimait-il pas en état de mettre en musique l'idéologie « démocrate », ce tocquevillisme qui n'ignore pas Marx. Or, lui était devenu le disciple de Tocqueville au prix d'un reniement violent du marxisme.

Toujours est-il que la pensée démocrate est encore en quête de rationalisation. Elle s'exprime en réaction, par rapport au camp adverse, ces républicains qui sont surtout les épigones de la fermeture. Dans une société dominée par l'économie, c'est naturellement sur ce terrain-là que l'opposition fermeture/ouverture a été, depuis des décennies, la plus violente. Une expression aussi puissante que vide de sens est devenue l'emblème des introvertis : « l'autre politique ». Slogan au moment du choix économique de 1983, elle plonge ses racines dans le goût national pour le protectionnisme. N'oublions jamais que le réformisme est, en France, un sous-produit du libre-échange et que celui-ci résulte moins du choix collectif de la société française que des coups de force de nos monarques successifs. Napoléon III qui négocie le traité de libre-échange dans le dos de son gouvernement et le lui impose de force. De Gaulle qui décide en 1958 d'appliquer le traité de Rome que, reclus à Colombey, il avait pourtant condamné ; indifférent aux cris d'orfraie de la bourgeoisie, il s'affirme libéral de fait, à défaut de l'être dans les mots. Mitterrand quand il impose la monnaie unique à son parti divisé entre Européens de cœur et nationalistes de réflexe.

C'est dans la logique d'isolement que se situaient en mars 1983 ces « visiteurs du soir », les Jean Riboud et autres, soutenus un temps par un Pierre Bérégovoy qui deviendra plus tard, avec le zèle des convertis, le grand prêtre de la rigueur et de la libération des marchés. Que prônaient ces inventeurs de « l'autre politique » ? La sortie du système monétaire européen, la dévaluation accompagnée de mesures protectionnistes, une relance de l'investissement par le déficit public. Familier de Pierre Mauroy j'ai, à ce moment-là, conçu une admiration sans limite pour cet homme qui fit prévaloir le courage et le bon sens, face à un aréopage en apparence irrésistible. Celui-ci réunissait entre autres, un Jean Riboud qui apportait la caution du « grand capital » à cette politique laxiste, un Laurent Fabius fort de son arrogance technocratique avant que le sens de la survie ne le fasse ultimement virer de bord, un Chevènement qui traînait à ses basques un héritage idéologique bizarre, mélange de Robespierre, de Clemenceau et de Barrès. Lorsque, pris d'un réflexe salutaire, François Mitterrand demanda à cette équipe d'écrire noir sur blanc leur politique, ils rendirent quasiment copie blanche. Quant à Mauroy, auquel le Président venait de proposer de rester à Matignon pour mener cette « autre politique », il la tua d'un mot limpide : « Je ne sais pas conduire sur le verglas. » Cet homme du Nord mesurait dans sa chair que les frontières économiques n'existent pas. Social-démocrate au plus profond de lui-même, il se gardait bien de l'avouer pour éviter d'être voué aux gémonies par la cohorte de ceux, innombrables, qui se drapaient dans la dignité d'un socialisme qu'ils étaient bien incapables de définir par des mots précis et porteurs d'action. Je me souviens de Mauroy me disant, souriant, en août 1981 : « On va dans le mur en klaxonnant, n'est-ce pas ? » Sans le môle de courage qu'alimenté par Jean Peyrelevade et quelques autres technocrates lucides, il a su incarner, le mitterrandisme aurait sans doute terminé sous les fourches caudines du FMI et la gauche aurait été proscrite du pouvoir pour des décennies.

Remisée en 1983 au magasin des accessoires, « l'autre politique » n'a pas pour autant disparu. Elle a servi d'antienne aux opposants au traité de Maastricht, puis elle s'est dédoublée dans une version de droite et une version de gauche. La première, exprimée par les souverainistes gaullistes emmenés par Séguin, au moment où la France avait accepté dans les années quatre-vingt-dix la hausse des taux d'intérêts, pour sauvegarder la perspective de la monnaie unique puis, au moment de la crise de 2008, quand devenu à son tour le prophète de l'unilatéralisme économique, Henri Guaino prônait 100 milliards d'euros de « grand emprunt » et d'autres mesures à l'avenant. La seconde omniprésente, naturellement à l'extrême gauche et toujours active au sein du parti socialiste, jusqu'à militer actuellement pour une relance budgétaire dans notre pays qui connaît un des pires déficits de l'Union européenne. Arnaud Montebourg est le porte-parole d'une pensée dont Jean-Pierre Chevènement a été longtemps l'incarnation. Dépenses publiques, relance dans notre seul pays, indifférence aux marchés financiers, croyance dans la force du verbe politique pour faire se coucher les investisseurs, volonté de tordre, voire de refuser, les règles européennes, relents protectionnistes, culte verbal productiviste : ce sont les thèmes éternels d'une idéologie économique dont la France constitue l'unique terrain de jeu.

Il n'existe aucune différence significative entre les versions droite et gauche de « l'autre politique » alors qu'à l'inverse, les tenants de l'ouverture ont, côté libéral et côté social-démocrate, de vraies oppositions en matière de fiscalité, de droit du travail, de régulation des marchés. Irréductiblement optimiste, tels ces scientifistes qui croient éternellement au progrès, j'ai longtemps pensé que le camp de « l'autre politique » se réduirait comme une peau de chagrin, tant celle-ci équivaut à nier la loi de la pesanteur économique. Avoir été si durablement naïf me réjouit, comme une preuve d'esprit adolescent...

Il existe en fait des caillots idéologiques que la raison ne parvient pas à résorber. On peut même penser, en contemplant la scène française, que l'inverse est en train de se produire et que, portée par la dérive de la société vers davantage de fermeture, « l'autre politique » va ressurgir plus vivace que jamais. Moins les circonstances la rendent praticable, plus sa valeur, comme totem, s'accroît. Elle est le tabernacle des illusions perdues, des rêves brisés, des fantasmes politiques inassouvis. Le débat qui a suivi à gauche les élections départementales était à cet égard confondant. N'a-t-on pas entendu les écologistes défendre une politique de relance sans croissance, une fraction du parti socialiste réclamer davantage d'investissements publics et de mesures de redistribution, et Martine Aubry, si habituée fût-elle des réalités européennes, s'exprimer comme

si la France disposait d'une capacité d'endettement supplémentaire ? Ne les voit-on pas encen-
ser le modèle français, comme si nous étions les
meilleurs élèves de la classe européenne, alors
que celui-ci n'a cessé de prendre l'eau depuis les
années soixante-dix ? Nous ne terrasserons pas
le mythe de « l'autre politique » : il est à l'économie ce que l'inconscient est dans la théorie
psychanalytique : un utile défouloir.

Mais si telle est sa fonction, pourquoi s'agit-il
d'une spécificité française ? L'honnêteté exige de
reconnaître que ce particularisme est en voie de
disparaître car l'essor, partout en Europe, du populisme s'accompagne de fantasmes économiques du
même ordre. Syriza en Grèce, Podemos en Espagne,
Beppe Grillo en Italie, l'UKIP au Royaume-Uni :
chacun de ces mouvements se fabrique une usine
à rêves qui occulte les contraintes du réel. Encore
ce phénomène est-il, dans la plupart de ces pays,
une réponse à la crise des années 2008-2009, avec
son cortège de sacrifices et de douleurs.

En France, « l'autre politique » est un fantasme
aussi bien dans les périodes de relative prospé-
rité que de difficultés : elle fait corps avec notre
malaise collectif face au marché, au libre-échange
et à l'argent. Au lieu de détester ou de mépriser
les tenants de « l'autre politique », la raison invite

à voir en elle une pathologie nationale et à la tenir à distance, comme toute maladie incurable.

Poussés sur la défensive par la force combative des zélotes de la fermeture et des tenants de « l'autre politique », nous finissons par devenir les militants honteux d'une France ouverte à la globalisation et nous n'osons plus affirmer que pour nous aussi, la mondialisation peut être heureuse. Nous oublions d'interpeller les protectionnistes en tous genres en leur rappelant que, consommateurs le samedi chez Leclerc ou Auchan, ils sont les militants spontanés d'une mondialisation qui dope leur pouvoir d'achat. Et nous effaçons de notre mémoire les moments, pourtant proches, où la France était au meilleur niveau.

Pendant des années, nous avons crû plus rapidement que nos partenaires, Allemagne incluse, et même sur la période 2000-2013 les rythmes d'expansion ont été étrangement similaires de part et d'autre du Rhin. Nous occultons les résultats impressionnants de la période 1983-1995, pendant laquelle les gouvernements de gauche et de droite ont été les parfaits exécutants de la « désinflation compétitive » dont Jean-Claude Trichet avait offert le mode d'emploi à ses chefs successifs. Cette constance dans l'effort nous avait permis de reprendre, en matière de coût du travail, un avantage de 10 à 15 % sur l'Allemagne, avec à la clef une croissance supérieure, un commerce extérieur équilibré, une balance des paiements en excédent, et un chômage en baisse significative, même si les rigidités du marché du travail avaient empêché un retour au plein emploi.

Certes, cette situation s'est inversée dans les douze années suivantes, et nous nous sommes retrouvés avec un handicap de compétitivité de 10 à 15 %. A cet état de fait, trois raisons : une erreur de gauche, les 35 heures, une de droite, les manipulations à la hausse du SMIC en 2002 et, du côté allemand, les premiers effets positifs de l'Agenda 2010 par lequel Gerhard Schröder a offert à l'Allemagne un sursaut de compétitivité, sans démolir néanmoins les fondements consensuels de l'économie sociale de marché.

Il n'y a pas de fatalité française à la médiocrité économique. Celle-ci n'est pas inscrite dans nos gènes : en témoigne le sursaut de 1983 à 1995. Ce n'est pas parce que, à l'instar de l'Allemagne, présentée en 2002 par *The Economist* comme « l'homme malade de l'Europe », nous avons hérité à notre tour de cette situation peu enviable, qu'elle est irréversible. Chaque tenant de l'économie ouverte a sa boîte à outils pour rendre au pays son rang économique. La mienne se conjugue en quatre mesures. Augmenter la TVA de 1 % par an pendant cinq ans, mettre cet argent dans une cagnotte destinée à baisser les charges sociales, patronales pour les 2/3, salariales pour 1/3. Elever automatiquement l'âge de la retraite en fonction de l'espérance de vie, comme c'est déjà le cas en matière de cotisations. Supprimer les 35 heures et parallèlement, sur cinq ans, les 20 milliards d'exonération de cotisations destinés à les compenser. Imposer une purge libérale à un seul secteur économique, le logement, tant est grande l'aberration de voir l'Etat dépenser 40 milliards d'euros dans des aides dont la plupart ne servent qu'à faire monter le prix du foncier et des loyers. Et ce, sans le préjudice d'une réforme fiscale, de la suppression de l'ISF et d'autres mesures de plus long terme pour répondre au vrai défi de la société française – réussir l'intégration. Mais au prix de ce vade-mecum économique, moins douloureux que ne furent les efforts de 1983 à 1995, nous retrouverons notre compétitivité et donc notre rang dans l'économie globalisée.

Devenus pusillanimes sous les attaques des tenants de « l'autre politique », transformés à leur tour en détenteurs de la « pensée unique », c'est-à-dire de l'idéologie dominante, nous oublions la réussite des grands groupes français – industriels, financiers, de services – plus présents dans le peloton de tête mondial que leurs équivalents allemands ou britanniques. Les Airbus, LVMH, L'Oréal, Sanofi, EDF, GDF Suez, BNP Paribas, Axa et tant d'autres sont le visage d'une France efficace, sûre d'elle-même, respectée. Mais plus étonnant encore, ce pays qui n'a toujours pas résolu son problème psychanalytique avec l'argent, a donné naissance à une myriade d'entrepreneurs, sans équivalent dans un autre pays européen. Le Royaume-Uni, l'Allemagne, l'Espagne, l'Italie n'ont pas de Pinault, Bolloré, Arnault, Naouri, Lacharrière, Niel et autres.

C'est une espèce animale que la vie m'a appris à bien connaître. Il existe un chromosome de l'entrepreneur aussi différent du chromosome du manager que le chromosome de l'homme l'est de celui de la femme. Le ressort profond n'est pas le désir d'«accumulation primitive du capital» comme écrivait Marx; c'est une relation paroxystique à la mort, une course sans fin pour la conjurer, un désir de bâtir pour la nier, une « distraction », chère à Pascal, poussée jusqu'à l'incandescence. Ce chromosome ne correspond pas à une forme donnée d'intelligence. Tel avance par l'intuition, tel autre par une pure rationalité, le troisième par une malignité poussée jusqu'au génie, le quatrième par une forme de fulgurance

mi-rationnelle, mi-intuitive. Les uns sont cultivés et s'appuient sur une vision du monde ; les
autres s'acharnent à préserver la part primitive
qu'ils sentent en eux. Certains sont autodidactes ;
d'autres croulent sous les diplômes.

Tous ont une totale liberté, voire pour certains une forme paradoxale d'anarchisme. Peu
sensibles aux organigrammes et aux modèles de
gestion, ce sont des « éponges » absorbant l'air
du temps, les idées, les contacts, sans toujours
les hiérarchiser. J'ai souvent dit aux managers
qui travaillent sous les ordres de ces tycoons :
« Sur les quatre choses qu'il vous dit, une est
idiote, deux banales, mais la quatrième authentiquement géniale. Ne pensez qu'à cette dernière.
Lorsque vous ne penserez qu'à la première,
l'idiote, prenez les devants et partez. »

Un grand entrepreneur n'est pas un bourgeois,
même s'il en a tous les attributs, au sens où la
bourgeoisie s'identifie à la passion de l'immobi-
lité sociale. Or ces individus sont aux aguets de
tout ce qui bouge, car le mouvement est source
d'opportunité. Lorsqu'une crise boursière pointe
à l'horizon, le bourgeois s'affole, l'entrepreneur
se prépare à saisir des occasions. Chez beaucoup
d'individus, l'angoisse est source de paralysie ;
chez les entrepreneurs, elle est un moteur du
mouvement. Il peut sembler bizarre de comparer

à des artistes ces individus, vivant somptueuse-
ment, parfois couverts de décorations comme
des enfants de hochets, incarnant aux yeux de
beaucoup l'ordre social dans ce qu'il a de plus
répulsif. Et pourtant, que de traits communs !
L'angoisse justement, la fuite devant la mort, le
comportement compulsif, l'acharnement et surtout une éternelle insatisfaction. Ni Richter ni
Pinault ne sont rassasiés. Les « tycoons » seraient
d'excellents gibiers pour psychanalystes, mais il
est assez surréaliste d'en imaginer un sur un
divan de « psy ».

Pourquoi, au moment même où elle était
tiraillée entre ouverture et fermeture, goût du
marché et nationalisme économique, la France
a-t-elle produit tant de ces étranges animaux ?
S'il n'y avait qu'un entrepreneur de cet acabit, on
pourrait plaider le hasard, mais une telle cohorte
ne s'explique pas de la sorte. Sans doute l'écosystème des années quatre-vingt leur a-t-il été favo-
rable avec, en particulier, un Crédit Lyonnais
dont, à force de dénoncer les turpitudes, on
a oublié qu'il fut la mère nourricière de tous
ces entrepreneurs. Mais même si leurs débuts
ont été, de ce fait, accélérés, ce n'est pas une
raison suffisante. Bien que ces années-là aient
vu la réhabilitation de l'esprit d'entreprise, en
particulier par la gauche, Pierre Bérégovoy en

tête, le contexte politique n'était pas le meilleur bain amniotique pour ce genre de talents. Nul protectionnisme n'a aidé ces « tycoons » : ils se sont, tous, déployés dans des activités complètement marchandes, le luxe et la distribution au premier chef. L'élitisme à la française n'a guère joué non plus de rôle déterminant puisque cette petite tribu comporte autant d'autodidactes ou de diplômés banals que de produits de la méritocratie républicaine.

Rien ne dit qu'une telle situation se perpétuera et que la France produira inlassablement les meilleurs entrepreneurs d'Europe. Mais c'est aujourd'hui la réalité et, de même que nous sommes cocardiers en matière de prix Nobel, de médailles Field et de grands intellectuels, nous devrions l'être à propos des grandes entreprises et des entrepreneurs hors normes. Les unes et les autres démontrent que notre aversion vis-à-vis de la mondialisation est plus idéologique que réelle. L'opinion publique ne s'y trompe pas, manifestant dans les sondages un étrange côté Janus : une authentique estime pour les entrepreneurs et une vraie méfiance pour les mécanismes de marché dont ceux-ci se nourrissent.

La France n'est donc pas aux « abonnés absents » du monde tel qu'il est, mais les adversaires de la mondialisation sont tellement loquaces qu'on finit par l'oublier. Le *french bashing*[1] m'est insupportable. Quand le *Wall Street Journal*, le *Financial Times* ou *The Economist* ne voient la France qu'à l'aune des propos des contempteurs de la « Grande Nation », solitaire et protectionniste, j'en arriverais à fustiger la perversité de l'impérialisme idéologique anglo-saxon. C'est dire ! Dans cette querelle ouverture/fermeture, mon esprit n'a jamais balancé. Sur le plan économique, vis-à-vis de « l'autre politique » qui m'est toujours apparue l'équivalent de ce que les mathématiciens appellent un ensemble vide. Je ne me fais toujours pas à l'idée que des personnalités cultivées et intelligentes puissent ahaner de telles inepties. Ingénu, je les soupçonne d'hypocrisie, alors qu'en fait ils sont prisonniers d'une idéologie. Ayant côtoyé, dans mon enfance, les ravages exercés par le communisme sur des esprits forts, je devrais mieux que quiconque comprendre une telle bizarrerie. Ni les faits, ni le travail de la raison ne suffiront à éteindre cet incendie idéologique ; il nous faut vivre avec, le cantonner et faire en sorte qu'il demeure politiquement minoritaire. C'est une bataille qui ne sera jamais terminée.

Mais, au-delà de la seule économie, le choix d'une France ouverte relève d'un réflexe viscé-

1. Critique virulente de la France.

ral. Avatar cosmopolite, ricaneront d'aucuns !
Dans le monde actuel, modelé par le marché,
l'individualisme, le désir d'autonomie, il n'existe
pas d'espace pour les formes contemporaines de
« jacobinisme ». Aller dans cette direction, c'est
prendre la voie inverse de tous les autres pays
démocratiques. J'entends déjà tonner un Régis
Debray, prêt à arguer que l'honneur de la France
est d'avoir raison contre tout le monde, que sa
mission historique est de faire exception, que
l'héritage de la Révolution nous y oblige, qu'à
l'instar des Droits de l'homme inventés ici, notre
pays doit élaborer un nouveau modèle dont l'Etat
redeviendrait le vecteur. C'est oublier que l'*habeas
corpus* et les libertés parlementaires ont précédé
ailleurs 1789 et que la Constitution américaine
faisait noblement sa place aux droits du citoyen
avant que la Constituante ne les proclame. Là
aussi, comme en économie, le réflexe idéologique
prend le pas sur toute forme de réflexion : être
démocrate ou républicain est un choix qui s'impose à soi, comme la foi à un croyant. Le mien
n'a, de ce point dc vue, jamais vacillé.

Je voudrais que la France assume le monde
tel qu'il est, qu'elle mesure combien ses talents
peuvent lui permettre d'y jouer un rôle cardinal,
qu'entre les deux tentations, elle choisisse l'identité ouverte et non l'identité fermée. L'ouverture

vers l'extérieur ne se débite pas en rondelles :
l'économie oui, l'idéologie non, la circulation des
idées et des personnes peut-être. Que des limites
doivent s'imposer en matière d'immigration, de
règles économiques, d'effets de domination capitaliste, c'est une évidence ! Mais face à l'alternative – l'ouverture tempérée par des exceptions ou
la fermeture atténuée par des degrés de liberté –,
la réponse est, à mes yeux, naturelle. C'était, il
y a quelques années, une évidence pour tous ;
cela l'est de moins en moins. La « France moi-
sie » – suivant le mot de Philippe Sollers – a le
vent en poupe : politique, intellectuel, culturel.
Le chromosome Barrès semble prendre le pas sur
le chromosome Jaurès, l'ADN robespierriste sur
l'ADN tocquevillien. Un seul intellectuel portait
en lui ces deux tentations : Péguy. Faisons en
sorte que le mauvais Péguy ne triomphe pas du
bon.

CHAPITRE 5

LA FRANCE
D'UN DISCIPLE DE BRAUDEL

Fernand Braudel a représenté pour moi un choc, une passion et une déception. Le choc : sa trilogie sur le capitalisme, clef imprévue du monde contemporain. La passion : sa personnalité magnétique. La déception : son *Identité de la France*, certes inachevée mais incapable de répondre aux ambitions de son titre.

Lorsque, à l'aube des années quatre-vingt, a été publié *Civilisation matérielle, économie et capitalisme*, j'ai eu l'impression d'avoir en main l'explication du monde ! Une espèce de livre prométhéen à l'instar du *Capital*, sans avoir la prétention de Marx. Face aux interrogations que soulevaient à l'époque l'accélération de la mondialisation, les symptômes de la crise, l'ascension du chômage avec, en corollaire, des doutes sur la capacité de nos sociétés à subir de tels coups de boutoir, Braudel donnait des réponses limpides : la dynamique de l'économie-monde, en surplomb du marché, et le soubassement des échanges primitifs qui assurait la solidité de l'ensemble. Fasciné par la simplicité conceptuelle du propos, j'avais utilisé cette boîte à outils dans un livre très daté et au titre illusoire, *L'après-crise est commencé*. Comme je me réclamais explicitement de la pensée braudélienne, sans avoir demandé l'imprimatur du Maître, je lui avais porté, intimidé, l'ouvrage, et m'attendais à une volée de bois vert, telle celle que m'administra plus tard Jacques Le Goff pour un titre, *Le Nouveau Moyen Age*, qui portait atteinte à ses droits quasi patrimoniaux sur l'usage du mot Moyen Age. Quelle ne fut pas ma surprise d'entendre le grand Braudel dire à l'essayiste débutant que j'étais : « J'ai toujours souhaité que mon œuvre donne les clefs du monde d'aujourd'hui ; je vais me faire le propagandiste de votre livre. » Et nous voilà partis, lui le commandeur des sciences humaines et moi le touche-à-tout intimidé, pour arpenter ensemble les plateaux des médias et les estrades de débats afin de faire le service après-vente de ma petite *Après-crise*.

Plus je connaissais Braudel, plus je l'imaginais en de Gaulle des sciences humaines. La stature physique : plus massif que le Général, il semblait ancré dans le sol, en bon Lorrain qu'il était. La voix : impérieuse, même quand elle se voulait douce. Une capacité infinie de mépris pour tous ceux qu'il estimait inférieurs, c'est-à-dire des régiments entiers d'historiens. Un goût pour l'excommunication, à peine atténué par le sens du pardon. Une autorité incandescente qui s'exprimait dans le regard, avant même que les mots ne la transcrivent. Et aussi, quand il le voulait – j'en ai été l'heureux bénéficiaire –, une bonté et une générosité inépuisables. Braudel savait la place qu'il tiendrait dans l'histoire des sciences humaines ; il considérait, sans le dire, qu'il appartenait à la race des Durkheim, Weber et autres Foucault bien davantage qu'à l'espèce des historiens, ses contemporains. Acceptant, sans trop barguigner, la requête que lui avait présentée Maurice Druon de rejoindre l'Académie française, il n'avait cherché ni un honneur au-delà duquel il se situait, ni une légitimité qui avait déjà fait le tour du monde académique ; il lui plaisait simplement de s'inscrire dans une tradition nationale, avec la pointe de patriotisme un peu cocardier, propre à tous les Lorrains de cette génération.

Braudel était ontologiquement français : par ses racines, par son mode de pensée, par ses goûts, par ses partis pris. Aussi ne fus-je pas surpris quand il décida de s'atteler à *L'Identité de la*

France, avec en tête la conviction qu'il s'agissait de sa dernière grande œuvre. Avec la foi d'un épigone, j'espérais qu'il réglerait, une fois pour toutes, la question de notre identité comme il avait, à mes yeux, clos définitivement les interrogations sur la nature du capitalisme. De là une déception à la mesure de l'admiration que la trilogie avait suscitée en moi, et que *La Méditerranée de Philippe II* n'avait en rien atténuée.

La France de Braudel est statique. Sans doute peut-on trouver prémonitoires certains de ses propos, émis il y a plus de vingt-cinq ans : « Pourtant qui pourrait, en France, parler de "race" ? Les Maghrébins sont de race blanche et notre Midi a sa pointe de sang sarrasin, espagnol, andalou... Tant d'immigrés, depuis si longtemps, depuis notre préhistoire jusqu'à l'histoire très récente, ont réussi à faire naufrage sans trop de heurt dans la masse française que l'on pourrait dire, en s'amusant, que tous les Français, si le regard se porte aux siècles et aux millénaires qui ont précédé notre temps, sont fils d'immigrés. Très diverse, la France ne peut-elle courir le risque de le devenir, biologiquement, davantage encore ? Dès la deuxième génération, dès la troisième en tout cas, l'intégration a été totale. Aujourd'hui, seuls les noms de famille, quelques traditions familiales, rappellent les origines étrangères...

Alors pourquoi aujourd'hui, en ce qui concerne les Musulmans installés chez nous, Maghrébins en majorité, le phénomène inverse ? Ce sont les fils d'immigrés de la deuxième génération qui sont en difficulté, rejetés et rejetant eux-mêmes une assimilation que la génération de leurs parents ou grands-parents avait parfois réussie. Les obstacles sont sérieux : défiance réciproque, craintes, préjugés racistes, mais aussi différences profondes de croyances, de mœurs ; juxtaposition, ou confrontation, de cultures et non mélange. Un peu comme aux Etats-Unis où, malgré l'attraction de "l'American Way of Life", des problèmes culturels subsistent. Mais chez nous, la situation est bien plus tendue et instable qu'aux Etats-Unis et plus subtilement car nous sommes un vieux pays ; la maison originelle de nos hôtes, vieux pays elle aussi, est voisine de la nôtre, touche la nôtre... Je n'ai rien contre nos synagogues et nos églises orthodoxes. Et donc rien contre les mosquées qui s'élèvent en France, de plus en plus nombreuses et fréquentes. Mais l'Islam n'est pas seulement une religion, c'est une civilisation plus que vivante, une manière de vivre. L'obstacle majeur auquel se heurtent les immigrés d'Afrique du Nord : une civilisation autre que la leur. Un droit, une loi, qui ne reconnaissent pas leur propre droit, fondé sur cette loi supérieure qu'est la religion du Coran... » Autant de propos de bon sens qui, sous la plume de Braudel, gagnent en densité. Sa conviction viscérale selon laquelle la France est depuis des siècles un *melting-pot* constitue un bon argument de séance pour des débats avec les tenants de la France des « Français de souche » : une caution intellectuelle aide toujours, chez nous, à faire bonne figure.

Mais c'est un effet dérivé assez secondaire de ces mille pages, kaléidoscope géographique, territorial, démographique, économique d'une France qui vient du fond des âges mais dont Braudel ne piste ni l'âme, ni l'ADN. C'est là que le bât blesse. Une vieille nation n'est pas le simple effet mécanique de son territoire, de sa population, de son potentiel économique. Braudel est matérialiste : quand il traite d'économie, rien de plus logique, même s'il tend à sous-estimer la confiance, ce troisième facteur de production aux côtés du travail et du capital. Mais face à la question abyssale de l'identité de la France, la réponse matérialiste est trop sommaire.

Je suis convaincu de longue date que les pays, comme les individus, ont un ADN et que, eux aussi, ont été modelés par l'alchimie si complexe de l'inné et de l'acquis. Cet ADN conditionne la place, le jeu et la manière d'être de chacun dans le concert des nations. Je m'étais essayé à pister les traces de cet ADN dans un essai, *L'Âme des nations*[1], au titre un peu trompeur, car je crois plus à l'ADN des nations qu'à leur âme mais, édition oblige, âme est un plus joli mot qu'ADN. Définir notre ADN national suppose de connaître celui des autres.

L'Angleterre ? Elle n'a pas toujours été institutionnellement une île : si les Français ne l'avaient pas difficilement boutée du continent, c'est avec des pans entiers de notre territoire que se serait bâti un Royaume-Uni, bien davantage qu'avec l'Ecosse ou le Pays de Galles. Semi-continentale, elle ne se serait pas constituée sur quatre piliers comme elle l'a fait en tant qu'île : la maîtrise des mers au service de la construction d'un empire ; la puissance de l'argent avec, en ligne de mire, la même ambition impériale ; le culte du Parlement ; l'obsession d'empêcher à tout prix la constitution d'un Etat dominant sur le continent. Avec cet ADN en quatre anneaux, l'histoire britannique, telle qu'elle fait corps avec l'identité du pays, se déroule de façon limpide jusqu'à la guerre froide. Churchill est le dernier homme d'Etat à porter en lui cet ADN, y compris la préservation de l'empire, au point que

---

1. Alain Minc, Grasset, 2012.

ce fut sa seule source de conflit avec Franklin Roosevelt. L'épisode de la guerre des Malouines traduit encore à cet égard, fût-ce à une échelle microscopique, les éternels ressorts de l'âme britannique.

L'Allemagne ? Son ADN est aussi complexe que celui de l'Angleterre est simple. Il mêle en effet deux forces qui, selon les moments, s'ignorent ou se conjuguent. La première : celle d'un peuple-nation façonné par son identité linguistique, culturelle, mythologique dans lequel d'aucuns et pas seulement les nazis, ont voulu voir une race ; donc un concept aux antipodes de l'Etat-nation à la française. La seconde : née du mythe de « l'Etat rationnel » – suivant le mot de Hegel –, auquel s'était assimilée, depuis Frédéric II, la Prusse. L'histoire, les attitudes, les réflexes de l'Allemagne s'analysent, depuis deux siècles, à travers les allers-retours entre ces deux composantes de l'ADN germanique. Et le nazisme a représenté l'exacerbation simultanée de ces deux pulsions. A l'inverse, l'Allemagne d'aujourd'hui en est l'incarnation douce : le peuple-nation n'est pas, pour la première fois de son histoire, à cheval sur de multiples frontières, et le « patriotisme constitutionnel » d'Habermas sert de figure hautement civilisée à l'Etat rationnel.

L'Espagne ? L'ADN est simplissime : il s'identifie à l'obsession du déclin. Grande par hasard – les dévolutions dynastiques – et trop tôt – un Etat trop faible –, l'Espagne ne s'est jamais remise de ses débuts éclatants. Obsédée par son effacement, elle l'a accentué jusqu'au miracle si récent de la transition démocratique et à sa capacité de se situer au croisement de l'Europe et de « l'Hispanidad ».

L'Italie ? Son étrange ADN est d'être le premier *soft power* de l'Histoire. En termes de puissance classique, ce n'est, suivant la terminologie hégélienne, qu'« un objet de l'Histoire ». En revanche, à l'aune de l'influence intellectuelle, culturelle, financière, religieuse, artistique, c'est un « sujet de l'Histoire ». Forte de sa langue et de son identité, elle a résisté à des siècles d'émiettement. Dans un monde où le *soft power* prend le pas, chaque jour davantage, sur le *hard power*, cet ADN-là est un gage de solidité face aux vents de la mondialisation. Peu importe l'affaiblissement de l'Etat : il existe à peine ! La force de la société civile est, elle, une assurance-vie.

La Russie ? Le tsarisme, le communisme soviétique, l'autocratie poutinienne partagent un même ADN : le complexe d'encerclement. Si paradoxal soit-il de la part du pays le plus grand du monde, il explique l'impérialisme du pouvoir, le nationalisme exacerbé de la population, le mélange des complexes de supériorité et d'infériorité des élites. Cette grille de lecture fonctionne depuis Pierre le Grand jusqu'à l'annexion, en 2014, de la Crimée. La Russie n'a jamais échappé à la tentation « grand-russe » : ainsi de la volonté de protéger les minorités russophones à l'extérieur de son territoire, comme l'Allemagne nazie l'avait fait si brutalement à l'égard des Sudètes et autres populations germanophones.

Les Etats-Unis ? Vus d'Europe, ils ont un double ADN : messianique et isolationniste, et ils basculent brutalement de l'un à l'autre. Au titre du messianisme : le sentiment d'être l'arche de Noé du monde, une anticipation du paradis sur Terre, l'accomplissement du genre humain, la nation en charge d'une « destinée spéciale » selon le mot de Jefferson, et donc l'obligation de faire le bien des autres, fût-ce contre leur gré. Côté isolationniste : le désir de protéger cette expérience unique – « il y aura un temps où notre nation aura la force d'un géant et personne ne pourra nous faire peur », *dixit* Washington ; la tentation de se mettre à l'abri des aléas du monde ; le désir exclusif de l'entre-soi.

On peut certes, pour tous ces pays, repérer d'autres manifestations identitaires, mais ces

ADN-là ont le mérite d'expliquer leur relation au monde et donc d'établir le panorama dans lequel s'ébat, depuis des siècles, la France. Quelle est donc l'identité française, telle qu'elle s'est manifestée depuis la nuit des temps sur la scène mondiale ? De même que l'Allemagne peut se définir, dans son rapport au monde, par le peuple-nation et l'Etat rationnel, les deux anneaux de l'ADN français sont la géographie et la puissance.

La géographie a conditionné la France, comme la mer a déterminé le destin de l'Angleterre. A l'aube de la Renaissance, elle était presque constituée : le royaume occupait près de 500 000 kilomètres carrés sur les 550 000 d'aujourd'hui. Que de conflits pour accroître, en un demi-millénaire, le territoire national de 10 % ! C'était, à l'échelle de l'époque, un immense espace et, qui plus est, davantage peuplé que ne l'étaient ses voisins, tous plus petits. Avec 20 millions d'habitants en 1600, la France avait une population double de l'Espagne, alors reine du monde, et quadruple de l'Angleterre, l'Allemagne n'étant qu'un kaléidoscope de plus de mille principautés. La France était, en quelque sorte, l'équivalent des Etats-Unis au XXe siècle, par sa profondeur territoriale et la masse de sa population. De là un sentiment collectif de grandeur. Mais le royaume était aussi, par la longueur de ses côtes et la diversité des mers et océans qui l'entouraient, une grande puissance maritime. Seul pays européen, avec l'Espagne, à disposer d'une ouverture sur la Méditerranée et l'océan Atlantique, il avait l'avantage, de surcroît, d'une position plus centrale.

La France n'avait pas les moyens, à long terme, d'être un acteur majeur à la fois sur le continent et sur les mers. C'est la terre qui a finalement gagné sur la mer, sans que le choix ait été explicitement posé en ces termes. François Ier, Richelieu, Colbert, Napoléon Ier, Napoléon III, la IIIe République n'ont eu de cesse de doter le pays d'une flotte puissante et d'essayer de rivaliser avec la *Navy* britannique. Si tous les moyens du pays-continent qu'était la France aux XVIIe et XVIIIe siècles avaient été mis au service de l'enjeu maritime, elle y serait parvenue. Mais l'attirance continentale était trop forte. Cédons un instant à la tentation de l'uchronie. Imaginons un Richelieu, un Louis XIV, une Révolution moins obsédés par le mythe des frontières naturelles, c'est-à-dire le fantasme du Rhin : ils auraient mis la supériorité économique française au service de la constitution de la première flotte militaire et marchande du monde. Le Canada et la Louisiane seraient demeurés français ; de nouvelles conquêtes seraient intervenues en Amérique du Sud et dans le sous-continent indien ; des postes de guet, tels Gibraltar et Singapour, auraient été français ; l'Angleterre aurait été confinée sur son île ; la maîtrise des mers se serait accompagnée du sens du commerce et du libre-échange ; le culte de l'activité marchande aurait accéléré le bascule-ment vers l'industrie ; l'attraction du lointain aurait dopé l'esprit capitaliste et le goût de l'entreprise. Si, autre uchronie, Louis XIV avait, de surcroît, résisté à l'influence de Madame de Maintenon et évité de révoquer l'édit de Nantes, la bourgeoisie d'affaires serait devenue la classe dominante et la haine de l'aristocratie n'aurait pas constitué le moteur de la Révolution. C'eût été une tout autre France : elle n'aurait pas eu les moyens de céder au mirage des conquêtes ita-liennes et de l'intervention outre-Rhin au point de devenir, au terme du traité de Westphalie, le tuteur des affaires allemandes. L'Europe, elle aussi, aurait été différente : l'Angleterre margi-nalisée, l'Allemagne émiettée, l'Italie livrée à ses démons autonomes.

Le destin français s'est scellé lorsque la profon-deur du territoire a pris le pas, dans l'inconscient collectif, sur l'appel du grand large. Sans doute Paris était-il trop éloigné de la mer, les seigneurs trop ancrés dans leurs possessions territoriales, les Grands du Royaume trop indifférents aux aventures maritimes, les monarques trop attachés aux fiefs de la Couronne. A partir du moment où la terre avait gagné sur la mer dans le cœur et l'esprit des rois, de leurs ministres et de leurs cours, la géographie continentale a mécaniquement fabriqué le mythe des frontières naturelles. En pointillé du temps de Richelieu, celles-ci deviennent l'alpha et l'oméga de la politique française à partir de la Révolution. Les Pyrénées et les Alpes ont donné au pays le goût des barrières géographiques. Face à un flanc ouvert de la Manche au Jura, existait-il une frontière physique possible ? Le Rhin, naturellement. Le fantasme se perpétuera, de « la levée en masse » de 1793 jusqu'à l'occupation de la Ruhr en 1923, voire jusqu'au rêve d'émiettement de l'Allemagne qu'a caressé de Gaulle en 1945. Dès lors que le grand large ne constitue pas l'horizon du pays, mais que le Rhin l'est devenu, les principes cardinaux de la politique de la France sont posés. Les frontières naturelles sont à la France ce que le complexe d'encerclement est à la Russie. D'où la contradiction entre les ADN des Allemands et des Français. Pour les premiers, le peuplenation préexiste au territoire national : celui-ci peut bouger. Pour les seconds, le territoire prime sur le peuple : celui-ci devient une nation dans un espace donné, ce qui passe par l'édification d'un Etat susceptible de faire corps avec elle. Ce n'est pas un hasard si, à l'emplacement où, dans les pays religieux, figure une croix dans les salles de classe, l'école de la République a installé, des décennies durant, la carte de l'Hexagone. Y avait-il meilleur moyen d'inculquer une évidence à chaque petit Français ? Notre identité est violemment géographique.

Mais cette géographie va naturellement de pair avec le goût de la puissance. Plus vaste que ses rivaux, plus homogène, infiniment plus peuplée, la France a été naturellement poussée à se croire forte. Là où l'Angleterre répond à son insularité par l'influence, la France veut, elle, exercer son pouvoir. Son problème sera, au fil des siècles, de se croire une « superpuissance » au sens de l'Empire romain ou des Etats-Unis de l'après-guerre, alors qu'elle a seulement les apanages d'une grande puissance. Une superpuissance est suffisamment forte pour dominer, seule, toute coalition de ses rivaux ; une grande puissance n'est que l'acteur principal sur une scène qui en compte beaucoup. Combien brèves ont été les deux seules périodes où la France fut une superpuissance à même de dominer toute alliance de ses voisins et ennemis, en l'occurrence l'apogée des règnes de Louis XIV et de Napoléon Ier ! Ce ne sont pas des concours de

115

circonstances qui ont mis fin à ces moments d'ubris, mais l'impossibilité de les transformer en situations stables. La France n'en a pas eu les moyens. Demeurer une superpuissance supposait un réservoir de population sur lequel édifier un avantage quantitatif en termes de soldats. Au génie des généraux près, les guerres se jouaient, dans ces siècles lointains, d'une part sur l'importance de la « chair à canon » et d'autre part sur les ressources financières nécessaires pour maintenir une supériorité militaire. Ecrasant au XVIIe siècle, l'ascendant démographique français s'est ultérieurement réduit de manière régulière. Quant à la capacité de lever des impôts et de mobiliser une épargne de masse à un coût modéré, elle n'a jamais été le talent de la France. La monarchie n'a pas su rationaliser son système fiscal et l'indifférence de l'aristocratie française vis-à-vis des questions financières a conduit l'Etat à mener une politique de puissance sans en avoir les ressources. Riche comme l'était la France au XVIIIe siècle, elle aurait dû pouvoir s'endetter dans des proportions plus élevées que l'Angleterre et à un coût moindre. Ce fut l'inverse : la France n'a eu ni la culture financière ni le substrat capitaliste nécessaires à la superpuissance qu'elle rêvait de devenir.

Même battu en brèche, le goût de la puissance est demeuré constitutif de notre ADN. Des incursions de Charles VIII en Italie jusqu'aux postures du général de Gaulle, l'obsession a toujours été la même : peser sur le monde extérieur. De là une triple lignée d'hommes d'Etat. Première catégorie, nous l'avons dit : ceux qui croyaient édifier une superpuissance, Louis XIV et Napoléon Ier. Deuxième catégorie, forte de ceux qui s'acharnaient à aller un peu au-delà du possible, François Ier, Napoléon III, Clemenceau, Poincaré, de Gaulle. Troisième catégorie : ceux qui proportionnaient notre rôle à une évaluation précise de nos possibilités, Louis XV, Louis-Philippe, Jules Ferry, Briand, Pinay ou plus récemment Giscard d'Estaing. Ce n'est pas un hasard si les premiers sont adulés, les seconds respectés, les derniers inégalement considérés.

Ce sont les allers-retours entre la mesure et l'excès qui scandent cinq siècles d'histoire de la France. Hormis l'Angleterre poussée par la géographie à sortir de son insularité, les autres grands acteurs sont plutôt tournés vers la construction ou la défense de leur Etat, la préservation d'un statu quo difficile, l'avènement de leurs aspirations nationales. La géographie a dispensé les Français de telles ambitions. A l'abri, très tôt, de ses frontières, elle n'a cessé de se projeter plus loin. Longtemps première, elle a vécu à son corps défendant l'ascension de l'Angleterre, puis de l'Allemagne, mais n'a jamais été tentée de se retirer sur son pré carré. Elle a joué sur d'autres scènes, avec des cartes différentes, comme en témoigne son aventure impériale. De même qu'il existe des buts de guerre, il existe des buts de paix. Ainsi, férue d'idéologie, la France a-t-elle toujours habillé son goût de la puissance. Des croisades à l'universalisme colonialiste, de la construction européenne au droit d'ingérence, les oripeaux ont été nombreux. Aujourd'hui, à un moment où l'autre puissance qui jouait aussi au-dessus de ses moyens, le Royaume-Uni, semble y renoncer au grand dam de ses élites, la France, elle, persévère. De la Côte d'Ivoire à la Libye sous Nicolas Sarkozy, du Mali au Centrafrique sous François Hollande, du règlement de la crise géorgienne sous le précédent quinquennat à la négociation de Minsk sous l'actuel, l'envie d'exister et de peser sur le cours du monde demeure consubstantielle à notre identité. Avant-hier toute-puissante, hier puissante, aujourd'hui influente, la France continue à faire corps avec l'Histoire.

Géographie et puissance : les caractéristiques de notre ADN n'ont pas disparu. Au titre de la première, la permanence de l'unité territoriale. Au moment où les deux plus vieux Etats d'Europe, hormis le nôtre, sont bouleversés par des tentatives sécessionnistes – l'Espagne par l'irrédentisme catalan, le Royaume-Uni par le nationalisme écossais –, la France paraît, à vue humaine, à l'abri de tels traumatismes : c'est, à long terme, un formidable atout. Quant à la seconde, le goût de la puissance, fût-elle relative, elle se perpétue aussi par la grâce de nos institutions quasi monarchiques. Le président de la République – version Constitution de 1958 complétée par l'élection au suffrage universel – se sent, quel que soit son tempérament personnel, l'héritier d'une tradition multiséculaire. Pourvu, par le feu nucléaire, d'une capacité démiurgique, il ressemble au roi dans ses deux corps, tel que Kantorowicz l'avait théorisé. Jouer sur la scène internationale est la façon moderne d'exprimer ce qui, autrefois, relevait de sa nature divine. Aussi, même handicapée par les pénuries budgétaires, obligée parfois de faire militairement bonne figure avec des bouts de ficelle, la France voudra demeurer, autant que faire se peut, un acteur global. Lorsque le monde entier se précipite le 11 janvier dernier pour participer au rite le plus français – un défilé –, je confesse avoir ressenti un zeste de fierté cocardière. L'attentat contre *Charlie Hebdo* se serait-il produit à Berlin ou Rome, le même cortège, si étrange fût-il, ne se serait pas constitué.

Comment accepter que se dissolve le lien avec l'Histoire ? Dans l'éternel débat sur la manière de

l'enseigner, j'appartiens à la cohorte des « paléo–
archaïques » : ne jamais renoncer à la chrono-
logie, aux événements, aux grands chapitres du
roman national. Puis-je en appeler, à cet égard,
aux mânes de Braudel ? Lui, le maître de l'école
des Annales, l'observateur des mouvements tec-
toniques démographiques, économiques, sociaux,
n'a jamais été le contempteur de l'histoire événe-
mentielle. Lorsqu'il va, à la fin de sa vie, expliquer
le siège de Toulon par Bonaparte à une classe
de la ville, que fait-il d'autre que de marquer sa
prédilection pédagogique pour la bonne vieille
histoire faite de personnages et d'événements ?
Encore celle-ci suppose-t-elle, en pointillé, une
idéologie. Marc Bloch avait choisi la sienne avec
ces mots devenus un pont aux ânes de tout discours sur l'identité française : « Il est deux catégories de Français qui ne comprendront jamais
l'Histoire de France, ceux qui refusent de vibrer
au souvenir du sacre de Reims, ceux qui lisaient
sans émotion le récit de la fête de la Fédération. »
   Sans doute faut-il choisir deux pôles antithétiques pour embrasser la complexité française.
Mais à ce jeu-là, les références de Bloch, malgré la dévotion qu'il m'inspire, ne sont pas les
miennes. Il est certes difficile de ne pas faire
sienne toute idée venant de cet homme, aussi
éblouissant qu'héroïque, quand on pense à cette

Etrange Défaite, écrite à chaud pendant l'été 1940, analyse au scalpel des lâchetés françaises, publiée en 1945 après l'exécution de Bloch. Mais le sacre de Reims symbolise le caractère divin de la monarchie et non la formidable continuité étatique, depuis l'absolutisme royal jusqu'au centralisme révolutionnaire, depuis celui-ci jusqu'à la mise en ordre bonapartiste, depuis celle-ci jusqu'à une IIIe République si forte administrativement qu'elle en oubliait sa faiblesse politique. Quant à la fête de la Fédération, sa sympathique grandiloquence a été vite engloutie dans les soubresauts de la Convention, le choc de la Terreur et le laisser-aller thermidorien.

Alors quels pôles antithétiques ? D'un côté un réconciliateur qui apaise le pays et l'unifie ; de l'autre un bâtisseur qui le conforte, sans trop céder à la démesure. Ce peuvent être Henri IV et Bonaparte Premier consul. Ou Gambetta et Poincaré. Ou Briand et le général de Gaulle. Ou encore Philippe Auguste et Richelieu. Tous ont contribué à renforcer l'unité nationale : les uns par la volonté de concorde ; les autres par l'autorité. Or, à la fin des fins, même dans le monde d'aujourd'hui balayé par les vents de la globalisation et les pulsions de l'irrédentisme, la France, elle, demeure une.

CHAPITRE 6

LA FRANCE
D'UN EUROPÉEN OBSESSIONNEL

Je ne me reconnais qu'une seule double appartenance : non pas français et juif mais français et européen. C'est tautologique, objecteront d'aucuns. Je ne le crois pas. Tout Français est, par définition, européen. Mais l'être comme je le ressens est d'une autre nature : c'est vivre une identité qui ne dissout pas l'identité française mais la sublime, comme elle le fait pour tous ceux qui adhèrent, du fond du cœur, au projet européen. C'est évidemment en Allemagne que, pour des raisons limpides, cette projection à l'étage supranational a été la mieux conceptualisée, en particulier par Habermas. Mais la même dynamique vaut chez tous les grands Etats membres. Proclamer son identité européenne est paradoxal par ces temps de populisme conquérant et de repli sur soi mais, pour ma part, je suis fier de l'Europe, de ce qu'elle a accompli, de ce qu'elle représente, de ses grands hommes, nos contemporains et, patriote comme je le demeure, je rêve que la France en redevienne l'âme.

Lorsque, il y a trente ans, on demandait quel est l'espace le plus libre, le plus démocratique du monde, la réponse fusait, à condition de laisser de côté les gros confettis de l'Empire britannique – Canada, Australie, Nouvelle-Zélande : les Etats-Unis, naturellement. Aujourd'hui, le bon sens exigerait de répondre : l'Europe. C'est le résultat à la fois de la mutation américaine et de l'alchimie européenne. D'un côté, des Etats-Unis de moins en moins occidentaux et de plus en plus « pays-monde », syncrétisme des populations de la planète entière de sorte que leurs valeurs, leur vision de l'univers extérieur, leurs comportements s'éloignent du modèle occidental traditionnel. Qu'en sera-t-il dans trente ans, lorsque les Sino-Américains, les Indo-Américains, les Hispaniques auront remplacé les « Wasps » et les Juifs au sommet de la société américaine ? De l'autre côté, en Europe, une étrange mécanique faite de règles de droit, d'alignement sur la norme la plus libérale, de mécanique jurisprudentielle, avec pour résultat un espace, à l'évidence le plus démocratique, le plus respectueux des individus, le plus tolérant du monde, *Un petit coin de paradis*[1] suivant le titre imprudent que j'ai donné à un éloge de l'utopie européenne.

Hormis, en matière de liberté d'expression, pour laquelle le Premier amendement de leur Constitution donne un avantage incontestable aux Etats-Unis, l'Union européenne fait toujours mieux. La peine de mort ? Des exécutions encore nombreuses d'un côté de l'Atlantique, une abolition vieille de plusieurs décennies de l'autre côté, avec des verrous juridiques afin d'interdire son hypothétique rétablissement. La politique répressive ? Le record mondial du nombre de prisonniers du même côté – plus de deux millions, 0,7 % de la population –, près de dix fois moins proportionnellement sur notre rive avec, au sein de l'Union, une France qui incarcère un peu moins que l'Allemagne et 60 % de moins que le Royaume-Uni. Les atteintes à l'*habeas corpus* ? Bien que marquée par les tortures de la guerre d'Algérie, la France d'aujourd'hui peut regarder de haut les dérapages américains qui ont suivi le 11 septembre 2001, de Guantanamo aux prisons clandestines de la CIA. Après l'attentat d'Atocha, l'Espagne s'est fait un honneur de n'édicter aucune législation d'exception, à mille lieues des abus du *Patriot Act* voté par le Congrès. La liberté

1. Alain Minc, Grasset, 2011.

des mœurs ? La place faite à l'homosexualité en a été longtemps un sismographe. Le « mariage pour tous » s'est généralisé en Europe, après avoir été voté en premier en Espagne, donc dans un pays massivement catholique, et il a fallu attendre juin 2015 pour que la Cour suprême l'étende à l'échelle entière des Etats-Unis. La conception de la vie et de la mort ? Le droit à l'avortement est outrageusement contesté outre-Atlantique, alors qu'il va de soi partout en Europe, exception faite d'une Pologne prisonnière des pressions de l'Eglise catholique. Quant à l'euthanasie, sujet si longtemps tabou, sa pratique – au moins sous la forme « passive » – est progressivement tolérée sur notre continent, alors qu'elle suscite encore de dramatiques crispations du côté américain. La place de la religion ? L'Europe est devenue l'espace spirituellement le plus libre du monde ; les Eglises ressemblent désormais à des « ONG religieuses » dans des sociétés civiles en pleine sécularisation ; et le principe – ce qui est à Dieu est à Dieu, ce qui est à César est à César –, est la règle, que ce soit sous le statut concordaire en Italie ou en Espagne, le régime cultuel allemand, ou la laïcité française. Au même moment, société originellement religieuse – « *In God We Trust* » inscrit sur chaque dollar –, les Etats-Unis versent dans l'extrémisme spirituel sous l'influence des

Born Again Christians et autres néo-évangélistes, au point d'interdire dans près de vingt Etats l'enseignement du darwinisme et de le mettre, dans la plupart des autres, sur le même plan pédagogique que le créationnisme.

L'Union européenne est embarquée dans une étonnante contagion de la liberté : nos pays n'avancent pas tous du même pas, mais un engrenage s'est mis en place, qui voit peu à peu les Etats membres les plus rétifs s'aligner sur les plus audacieux. Ainsi, en avance, depuis la loi de 1905, en termes de liberté religieuse, la France a-t-elle été progressivement rejointe par ses partenaires, alors qu'à l'inverse, en retard sur le plan des procédures judiciaires – règles de garde à vue, autonomie du Parquet, droits des avocats –, elle s'est mise au diapason des Européens les plus libéraux. Nos sociétés progressent sous l'influence les unes des autres.

J'enrage de voir les Européens incapables de transformer cette réalité en fierté, de la proclamer, de se vouloir un exemple pour le reste du monde. L'autodérision est la règle. Elle alimente l'indifférence, voire le mépris des autres à notre endroit. Ceux-ci nous regardent du même œil blasé dont nous, habitants du Vieux Continent, observons la Suisse : une terre de liberté, de bien-être et de mollesse, sans avenir ni destin. Habitués à nous comporter pendant les siècles des siècles en « sujet de l'Histoire » – suivant la terminologie hégélienne –, nous nous glissons sans remords ni états d'âme, dans le statut douillet d'« objet de l'Histoire ». Rançon de sa mauvaise conscience coloniale, culpabilité d'avoir engendré au XXe siècle les pires dictatures, souvenir de sa marginalisation pendant les décennies de guerre froide, l'Europe rase les murs. Comment s'étonner qu'incapable de « bomber le torse » en matière de libertés, alors qu'elle en est l'éclatant exemple, elle fasse preuve d'une dramatique timidité pour arguer de ses succès institutionnels et économiques ?

Succès institutionnels ? Le mot ressemble à une provocation ou une ineptie. Que n'entend-on ? La complexité de l'organisation bruxelloise, les dérapages technocratiques de la Commission, l'absence de légitimité démocratique du Parlement de Strasbourg, le ridicule des Conseils européens poussant jusqu'à point d'heure des discussions de marchands de tapis, l'absence d'interlocuteur unique à l'échelle mondiale – « l'Europe, quel numéro de téléphone ? », se plaisait à dire Henry Kissinger : autant de motifs de discrédit. Il en va néanmoins de l'Union européenne comme de la Terre aux yeux de Galilée : « Et pourtant elle tourne. »

Certes, l'Europe n'a pas de visage ; elle affiche un aréopage innombrable sur des photos dignes du « Politburo » soviétique ; elle semble pataude. Mais Bruxelles fonctionne mieux que Washington. Quand le premier plan d'aide à la Grèce a été approuvé, en un mois, par les Parlements de tous les Etats membres, la Chambre des représentants américaine venait de refuser le « plan TARP » d'aide aux banques avec, pour conséquence, d'avoir poussé le système financier mondial au bord de la banqueroute. Lorsque, plus tard, les mêmes Européens validaient sans barguigner le deuxième schéma de soutien à Athènes, la Maison-Blanche et le Congrès ne parvenaient pas à trouver un accord sur un accroissement du plafond de la dette fédérale, au risque de mettre à nouveau à genoux la finance internationale. Quant au marathon nocturne qui a permis d'éviter en juillet dernier la sortie de la Grèce de l'euro, il a témoigné de l'extraordinaire machine à fabriquer des compromis qu'est l'Union européenne. La peur de compromettre cinquante ans de construction communautaire, la rémanence du rêve européen, le bon sens : autant de raisons qui expliquent la volonté des uns et des autres de transcender leurs divergences. Les hommes politiques américains pourraient utilement s'inspirer de cet exemple au lieu de se livrer entre eux à une « guerre civile froide ».

Le monde croit qu'il existe un pouvoir américain à l'aune de la relative liberté de mouvement qu'a, en politique étrangère, la Maison-Blanche, mais c'est omettre qu'en matière domestique, c'est Gulliver enchaîné. L'Europe fonctionne à l'envers : elle semble amorphe, apathique, mais quand l'urgence frappe à la porte, elle parvient à décider. En revanche, si les responsables politiques outre-Atlantique savent encore parler du rêve américain, les Européens sont incapables de dire *ubi et orbi* que l'Union européenne est un modèle en termes de libertés mais aussi d'équilibre compétition *versus* protection, efficacité *versus* solidarité. Lorsque Angela Merkel ne cesse de répéter que l'Europe représente 7 % de la population mondiale, 20 % de la production, 50 % des prestations sociales, elle est trop ambiguë : nul ne sait si elle s'en lamente, s'en réjouit ou s'en inquiète. Raboter à la marge les avantages de l'Etat-providence est certes une exigence, mais penser qu'au prix d'ajustements marginaux le système peut perdurer relève du miracle. Prisonniers de la logomachie anglo-saxonne, nous n'osons affirmer la force de notre modèle.

Il en va de même pour l'euro. Les thuriféraires américains du marché continuent à manifester leur scepticisme, car penser qu'une décision politique puisse s'imposer face à la loi de l'offre et de la demande demeure, à leurs yeux, un anathème. De là leur conviction, depuis l'origine du projet, qu'il capoterait, puis leur certitude que la monnaie unique exploserait aux premières difficultés, et aujourd'hui encore une joie honteuse devant la crise grecque et demain devant tout nouveau soubresaut. L'euro, par sa seule existence, est un camouflet à leur égard, mais aussi vis-à-vis de tous ceux qui affirment l'impéritie du pouvoir politique. Quelle décision y a-t-il plus puissante que celle-ci : établir une monnaie *sui generis* par la seule volonté de quinze Etats ? Chaque fois qu'il franchit le seuil de la Banque centrale européenne, l'Européen viscéral qui sommeille en moi ressent une vraie émotion : cette aventure incroyable s'est accomplie malgré les embûches, les chausse-trapes, les aléas, les coups fourrés des marchés, de Washington, d'une partie de nos opinions publiques.

Quant aux éternels contempteurs de l'euro, héritiers de la vieille culture dévaluationniste, ils sont aveugles au point de refuser de voir une évidence. Si la monnaie unique n'avait pas existé, au moment de la crise de 2008-2009, les gouvernements n'auraient pas pu, sous son ombrelle protectrice, mener des politiques de relance dont la seule limite a été l'endettement, déjà important – à plus de 60 % du PIB – de nos économies. Exception faite de l'Allemagne qui avait, elle, une capacité de mouvement, ils auraient été contraints à des politiques restrictives pour éviter la dévaluation que les marchés auraient voulu leur imposer. Ainsi auraient-ils ajouté la récession à la récession et, au lieu de baisser de 2,5 % en 2008, notre produit intérieur se serait effondré au moins de 4 à 5 %. Je connais certes l'antienne : l'euro a imposé des contraintes hors de leur portée aux pays les plus faibles. Rien n'est plus faux : l'euro a représenté un bouclier monétaire à l'abri duquel les économies espagnole, portugaise, italienne, voire française se sont financées à des taux d'intérêts anormalement bas jusqu'en 2010, et ont cédé, de leur seule responsabilité, à la facilité et au laisser-aller, au lieu de profiter de cette manne monétaire pour améliorer leur efficacité et leur compétitivité. L'unique grief que l'on puisse faire à l'euro est d'avoir été un somnifère trop efficace pour tous les pays que leur tempérament portait naturellement à l'endormissement et à la facilité.

Après avoir été trop laxistes, les marchés se sont naturellement vengés et ont puni certaines économies, au-delà même du raisonnable. Le « roi euro » est apparu soudainement nu. Mais qu'ont fait les Etats dans un contexte dramatiquement tendu ? Ils ont mis en place des instruments de solidarité, unifié les règles de contrôle des banques, tendu la main à des pays – Irlande, Portugal, Espagne, Grèce – qui, pour les trois premiers, sont désormais tirés d'affaire. Enfin, Mario Draghi a utilisé le double pouvoir d'un banquier central : créer de la monnaie sans limite, jouer de la force des mots. Il a tellement mis de puissance dans ses propres paroles qu'il a été dispensé de tirer ses munitions. Si, dans les années trente, les responsables publics européens – gouvernements et banques centrales – s'étaient comportés avec la même lucidité que leurs successeurs ces dernières années, l'Europe aurait peut-être évité l'engrenage du pire. Qui crie cette vérité ? Quelles autorités morales ou intellectuelles rendent grâce aux chefs de gouvernement et au tandem Trichet-Draghi, à un moment où la pensée dominante, marquée au coin du populisme, jette l'anathème sur la classe dirigeante ? Quels médias oseraient aujourd'hui affirmer cette vérité tellement moins gratifiante que de proclamer une fois de plus que « rien ne vaut rien » ?

L'Europe a eu, pendant ce dernier quart de siècle, une élite politique exceptionnelle. J'ai admiré certains de ses dirigeants de loin ; d'autres de près. De loin, le plus grand, Helmut Kohl, l'homme qui s'est réclamé, au moment de la chute du Mur, de ce mot de Bismarck : « Quand Dieu arpente les sentiers de l'Histoire, il faut l'attraper par les bords de sa chemise », et qui l'a, en effet, attrapé. Faire l'unité allemande en renforçant la construction européenne grâce à l'euro et en sauvegardant le lien atlantique était la quadrature du cercle : qui aurait parié qu'il y parviendrait ? Kohl, pour le peu que je l'ai entrevu, appartenait à cette catégorie de responsables qui tombent toujours juste, sans qu'on comprenne très bien leur cheminement. Cela s'appelle sans doute l'intuition politique.

Mettre sur le même plan Kohl et Mitterrand en matière européenne est une facilité très cocardière. Viscéralement européen, Mitterrand n'était pas un chaud partisan de l'unité allemande ; peut-être était-ce son côté Mauriac – « J'aime tellement l'Allemagne, je préfère qu'il y en ait deux ». Que ne s'est-il précipité à Berlin le 10 novembre 1989 comme Jacques Delors a eu l'intelligence de le faire ! Au lieu de ce geste habile d'émotion, il s'est livré à une absurde manœuvre de revers avec le chef d'une Allemagne de l'Est en décomposition. L'intelligence finissant toujours par prendre le dessus, chez Mitterrand, sur les erreurs de cœur, il a réussi à transformer ses maladresses initiales en levier pour obtenir de Kohl les gestes cardinaux – la reconnaissance de la frontière Oder-Neisse, Maastricht.

Les dirigeants que j'ai connus de plus près, Delors, González, Blair, partageaient tous un paradoxal point commun : la fraîcheur d'esprit. Rien de plus normal : être un Européen viscéral suppose une part de naïveté et d'enthousiasme suffisante pour contrôler la rouerie, voire le cynisme dans l'action quotidienne.

Même Delors était roué ; il voulait donner l'impression de n'être guidé que par le rêve européen, de grands projets, une audace sans limite mais, appuyé sur son double, Pascal Lamy, ce moine-soldat à l'ancienne, il savait manœuvrer, pousser les uns contre les autres, reculer après de fausses gaffes délibérées, lancer González comme un trouble-fête entre Mitterrand et Kohl, flatter les médias devenus son meilleur allié, jouer de sa lassitude et de la comédie de la démission pour reprendre, aux pires moments, les cartes en main. Cet homme était un génie de l'influence, bien davantage qu'un acharné du pouvoir. Et un concours de circonstances, à moins de le baptiser plus noblement le destin, lui avait donné le plus beau poste d'influence, pour qui savait l'utiliser : la Commission. C'est, à coup sûr, sa lucidité sur lui-même qui l'a fait renoncer au pouvoir suprême en France. Sachant combien il se connaissait, je n'avais jamais douté qu'il se déroberait devant l'obstacle de l'élection présidentielle. La vie a su merveilleusement utiliser Delors pour ses qualités si particulières et lui éviter les situations dans lesquelles ses défauts se seraient avérés rédhibitoires.

González partageait avec Delors le goût du rêve et la capacité de le transformer en réalité quotidienne. Mais il ajoutait à son incroyable fraîcheur un trait qui, pour un homme politique, équivaut à un don de Dieu : le charme. Face à une assemblée que son éloquence, sa gestuelle subjuguaient. Dans les réunions à plusieurs dont il était le pôle magnétique, même lorsqu'il était muet. A l'occasion de tête-à-tête dans lesquels il donnait l'impression à son interlocuteur que celui-ci était le centre du monde. González avait le sens de la « manœuvre à pied », comme tout bon politicien, mais il ne s'est jamais agi pour lui de faire de la politique par simple goût ou vraie addiction pour le pouvoir. Cet homme avait toujours affiché ses « buts de guerre » : l'entrée de l'Espagne dans l'OTAN, l'adhésion à la Communauté européenne, le rattrapage macroéconomique par rapport aux autres Etats membres, le renforcement de « l'Hispanidad », la volonté de s'inviter à la table du trio dominant dans l'Union, Kohl-Mitterrand-Delors. Parfois inattendu dans son approche, au point d'apparaître imprévisible, il gardait son cap caché au fond de lui. Etonnant personnage, tellement à l'aise dans le pouvoir et pourtant prêt à s'en éloigner à jamais. Lui demandant en 1995 pourquoi il refusait la proposition de Kohl et Mitterrand de succéder à Jacques Delors à Bruxelles, quelle ne fut pas ma surprise de l'entendre répondre : « Il n'y a à Bruxelles ni soleil, ni femme » ! Et, treize ans plus tard, essayant de le convaincre, à l'instigation de Nicolas Sarkozy, d'accepter la Présidence du Conseil européen, j'essuyai un « Tu sais bien que le ciel est gris à Bruxelles ».

Blair était, à certains égards, une copie conforme de González passée par le moule d'Oxford. La fraîcheur d'esprit et le charme sont demeurés son apanage jusqu'au dernier jour à Downing Street. Comme González, il savait résister à l'enfermement du pouvoir. Authentique Européen, il aurait réussi à faire entrer le Royaume-Uni dans l'euro, s'il n'avait pas eu sur son chemin un « allié-ennemi » en la personne de Gordon Brown. La face de l'Europe en eût été durablement changée. Impavide sous les coups de boutoir qu'inflige au Premier ministre la violence de la démocratie britannique, prêt à « endurer pour durer » – suivant le mot du général de

Gaulle –, il décidait avec le sourire, convainquait avec grâce, réfléchissait avec souplesse, discutait avec aisance. Il rêvait, lui, de cette Présidence du Conseil européen dont González ne voulait pas, mais le parangon de bon sens qu'est Angela Merkel n'a pas accepté que la fonction aille, pour le premier détenteur du poste, au représentant d'un pays non membre de la zone euro.

Pourquoi les deux seuls hommes politiques vivants auxquels j'ai voué une vraie admiration furent-ils des étrangers, en l'occurrence González et Blair ? Hypocrisie, désir de fuite, affectation, goût du paradoxe, irrésistible conviction que « l'herbe est plus verte ailleurs » ? Quant aux autres grands Européens que j'ai approchés, les Geremek *et alii*, ils étaient d'une telle qualité qu'une évidence m'est apparue. Les zélotes de l'Union sont tous – ou presque – remarquables, tandis que les anti-européens ne le sont qu'exceptionnellement. Pour un Philippe Séguin, héraut du « non » lors du référendum de Maastricht, combien d'esprits bornés, de demi-solde du conservatisme, de besogneux sans éclat !

Depuis Jacques Delors et François Mitterrand, aucun Français n'est apparu un grand Européen, c'est-à-dire un homme d'Etat prêt à prendre des risques politiques au profit de la construction communautaire. Jacques Chirac était devenu un Européen de raison, mais jamais de passion. Lionel Jospin était, de ce point de vue, son clone : ayant voté « oui » l'âme lourde, à propos de Maastricht, il pensait l'Europe plus qu'il ne la vivait. Ainsi en allait-il aussi d'Edouard Balladur. Nicolas Sarkozy a, lors de sa présidence européenne, magnifié l'Europe des nations dirigée par le directoire franco-allemand, mais s'est senti mal à l'aise face à tout projet fédéral. Quant à François Hollande, il a trop longtemps cru que le Conseil européen se dominait, comme le bureau politique du PS, à coups de compromis de couloir et de manœuvres de diversion, avant de retrouver le chemin de la « chambre conjugale » franco-allemande.

Et aujourd'hui, la plupart des jeunes ambitieux de droite et de gauche de la politique française brident leur prurit pro-européen, s'ils en ont un, par peur de rétorsion de la part de l'opinion publique : ils ne s'expriment que sur les travers de l'Union et jamais sur ses mérites.

De là une France alanguie au sein de la famille européenne. Vis-à-vis de l'Allemagne au premier chef, ce pays qu'on appelle « voisin d'outre-Rhin » alors qu'il faudrait le baptiser notre « pays-frère » : les mots ne sont jamais neutres. La relation franco-allemande se joue sur trois tables. La première, économique : l'ascendant de l'Allemagne est devenu écrasant du fait de notre laisser-aller, mais rien n'est irréversible. La deuxième, stratégique : la France est dominante grâce à son siège aux Nations unies, sa force nucléaire, sa volonté de « boxer au-dessus de sa catégorie » – suivant le mot anglais –, son interventionnisme, son audace. La troisième, strictement européenne et institutionnelle : les deux pays fonctionnent désormais *pari passu* ; ce n'est pas un changement négligeable car la tradition voulait jusqu'à présent que Berlin laisse l'initiative à Paris.

Vis-à-vis des pays latins, Italie, Espagne, Portugal. L'Union est un espace de compétition coopérative (ou de coopération compétitive). L'Allemagne est, *nolens volens*, le chef de file de l'Europe centrale. La France, par volonté de coller au groupe des pays du Nord, Allemagne au premier chef, n'a jamais établi sa primauté à l'égard de nos voisins du Sud et a raté le rôle qui lui était naturellement dévolu de chef de file du camp latin.

A l'endroit des petits Etats membres si décisifs dans la mécanique institutionnelle, alors que tous nos monarques républicains les traitent, depuis de Gaulle, au mieux avec une indifférence polie, au pire un mépris mal camouflé.

A l'égard des institutions de Bruxelles regardées avec hostilité ou indifférence. De là une représentation française au Parlement européen composée de vieux briscards en quête de reclassement ou de personnages falots passés à travers le filtre de la proportionnelle, les uns et les autres, en général, peu présents, peu studieux, peu respectés. De là une absence de stratégie d'influence vis-à-vis de la technocratie de la Commission, de sorte que, autrefois dominante, la haute fonction publique française est désormais banalisée, voire marginalisée. De là une relative indifférence au choix de notre seul Commissaire européen, poste perçu comme un pion dans le « Potlatch » des nominations, alors que les autres pays essaient d'accroître leur poids en désignant des personnalités de renom, parfois même éclatantes. De là une indifférence polie de nos institutions juridictionnelles face à la Cour de justice de Luxembourg, perçue comme un cheval de Troie du juridisme anglo-saxon, de sorte que le droit latin a été progressivement minoré sans combattre. De là une incompréhension du fonctionnement de Bruxelles devenue, à l'instar de Washington, la Mecque du *lobbying*, avec une présence trop évanescente des entreprises et organismes français.

Rois de l'Europe à six, les Français ont vu leur poids décliner d'élargissement en élargissement et se sont contentés de faire fond sur l'ascendant supposé de leur président de la République, seul chef d'Etat au sein des chefs de gouvernement. Nos présidents successifs étaient tous convaincus que, héritiers de nos souverains, ils étaient d'une essence supérieure, propre à inspirer la crainte aux autres participants. Balivernes : un Premier ministre finlandais, appliqué et sérieux, est trop impliqué dans la réalité concrète pour attacher le moindre poids aux symboles ou aux apparences historiques.

En fait, la France a renoncé au pouvoir des idées. La CECA, Euratom, la Commission, le traité de Rome, le Grand Marché, l'euro, Schengen : la France et des Français étaient à la manœuvre. On nous a toujours crédités d'imagination politique, d'intelligence institutionnelle, d'ambition stratégique. Où sont-elles ? Qui les réclame, les promeut, les développe ? Et qui se lamente même de leur disparition ? L'enjeu est pourtant limpide : faire du noyau des pays qui partagent l'euro et Schengen, donc une monnaie et une quasi-citoyenneté, cette « Fédération d'Etats-nations » dont rêvait Jacques Delors pour l'Union entière, et articuler ce nouvel être institutionnel avec l'Europe à vingt-huit. Où sont les Robert Schuman, les Monnet, les Delors d'aujourd'hui, prêts à mettre un tel projet sur la table ? Ceux – peu nombreux – qui réfléchissent à cette abyssale question ne s'expriment guère ; ceux qui s'expriment ne réfléchissent guère.

Mon nationalisme est européen ; mon patriotisme rêve d'une France à nouveau accoucheuse de l'Europe. Il faut être bien naïf, nostalgique, inculte pour imaginer nos petits Etats-Nations européens, frêles esquifs affrontant le déferlement de la mondialisation, capables de tenir seuls le choc. C'est une telle évidence de penser que l'Europe, elle-même, a à peine la taille critique pour ce tsunami ! En faveur de cette Europe, je retrouve en moi tous les traits du nationalisme classique : la fierté, les partis pris, les raccourcis injustes, le sentiment qu'elle représente un modèle inégalé et sous-estimé, le désir de la voir découvrir sa grandeur, sa supériorité, sa réussite. Si l'appartenance européenne était devenue exclusive, nous pourrions nous en tenir là et jeter notre identité française dans le « magasin des accessoires » – suivant le terme de Sartre à la fin des *Mots* : « Si je range l'impossible salut au magasin des accessoires, que reste-t-il ? Un homme fait de tous les hommes, qui les vaut tous et que vaut n'importe qui. »

Mais notre identité française n'est, Dieu merci, ni jetable ni modulable. Elle recèle encore un trésor de patriotisme, dès lors que, désormais ambigu, ce mot est employé à bon escient. Il s'identifie – ce n'est pas un hasard – à une affirmation du général de Gaulle . « L'Europe est le levier d'Archimède de la France.» Mais l'Europe dont rêvait l'homme du 18 Juin était une France en grand, une projection de nous-mêmes dans laquelle nos partenaires du début de l'aventure acceptaient de se glisser poliment, les Allemands par culpabilité historique, les Italiens par absence de « surmoi » politique, les autres par modestie.

Ne nous leurrons pas : le levier d'Archimède est aujourd'hui tout autre. Il suppose une économie suffisamment rétablie pour que l'écart avec l'Allemagne se réduise, jusqu'au moment où le jeu de la démographie nous redonnera l'avantage. Il exige de se doter des moyens militaires et diplomatiques pour mimer les Grands : l'intention est unanimement partagée ; encore doit-elle se manifester en crédits sonnants et trébuchants. Il requiert de comprendre les nouvelles règles de l'échiquier européen et de s'y adapter, fût-ce à notre corps défendant : découvrir les mille et un visages de l'influence, les multiples styles de compromis, les exigences de la négociation permanente, l'ascendant de l'empirisme sur les vieux principes cartésiens. Il nécessite de rendre ses lettres de noblesse à l'imagination et au rêve institutionnels. Mais surtout il se nourrit de l'énergie d'hommes d'Etat et de responsables publics susceptibles de proclamer, au grand dam des populistes de tout acabit : l'Europe est notre seul avenir ; la France peut choisir soit d'y jouer un rôle cardinal, soit de n'être qu'un passager clandestin et silencieux.

CHAPITRE 7

LA FRANCE D'UN AMOUREUX
DE L'IMPARFAIT DU SUBJONCTIF

Quel ne fut pas mon étonnement lorsque, demandant à mon père âgé quel regret il avait éprouvé dans sa vie, il me répondit du tac au tac : « Ne pas avoir pris de leçon de prononciation afin de me débarrasser de mon accent étranger » ! Sans doute était-ce le désir d'aller au terme de l'assimilation, c'est-à-dire la conviction que l'identification à la nation s'exprime par la maîtrise parfaite de la langue.

Aimer l'imparfait du subjonctif ? Goût des codes sociaux, diront d'aucuns : quel meilleur signe de reconnaissance que le chuintement des s à la deuxième personne du singulier ! Que tu déchusses, dusses, risses, naquisses, finisses, aimasses, ouvrisses, pesasses, cousisses, battisses : voilà de délicieux marqueurs d'une identité, blasons démocratiques pour qui les pratique, décorations discrètes qui vous placent dans l'échiquier du pouvoir à un rang élevé, signes de connivence sans équivalent. Mais aussi condensé de ce qui fait la quintessence de la langue française : la subtilité, la ductilité, la finesse. Absurde, me rétorquera-t-on ! Il n'existe pas de hiérarchie des syntaxes : l'anglaise vive, l'allemande rationnelle, l'espagnole naturelle, l'italienne gouleyante, et toutes celles que j'ignore, sans doute fortes de tant de finesse ignorée, d'intelligence méconnue, d'élégance camouflée.

Si ce n'est la syntaxe qui assure, aux yeux d'un amoureux de notre langue, la quintessence du français, peut-être seraient-ce les mots ? François Furet avait inventé un jeu de société : chacun devait désigner le plus beau mot de la langue française. Lui ne changeait jamais de réponse et répétait inlassablement : mélancolie. Mais ce passe-temps ne pointait pas, à mes yeux, la supériorité du français. Il existe des langues plus poétiques, plus charnelles, plus romantiques.

Alors la littérature ? La « grande littérature » au même titre que les « grands vins », les « grands hommes », les « grands monuments ». On peut relire inlassablement *À la recherche du temps perdu* et les *Mémoires d'outre-tombe*. *Guerre et Paix*, *La Montagne magique* et une kyrielle d'œuvres étrangères sont au moins du même tonneau.

146

D'où vient, dès lors, ce sentiment que la langue française est ma patrie ? Existe-t-il d'autres pays où une telle phrase pourrait être prononcée ? Je ne suis pas le seul à employer le mot. Ainsi de Jacques Julliard au moment du charivari sur les programmes scolaires : « Notre littérature est notre bien le plus précieux. Je le dis tout net : si je devais me convaincre que la gauche est, fût-ce à son corps défendant, l'agent de la marginalisation de notre littérature dans la France moderne, je n'hésiterais pas une seconde : ce n'est pas avec la littérature, ma patrie quotidienne, que je romprais, ce serait avec la gauche. »

Aucune nation ne fait davantage corps avec sa langue que l'Allemagne : c'est le propre d'un peuple-nation, mais la langue n'est, pour les Allemands, qu'une facette de l'ethnie ; elle n'est pas le dépositaire principal de la fierté patriotique. Les Italiens s'enorgueillissent de leur patrimoine artistique ; ils se contentent d'aimer leur langue. Quant aux Espagnols, ils rendent surtout grâce à leur langue de leur offrir le ciment de « l'Hispanidad », cette projection au-delà d'eux-mêmes dont ils tirent une résurgence de leur puissance passée. Peut-être les Russes sont-ils, de ce point de vue, les plus proches des Français, dans leur manière de faire de leur langue l'expression de leur nationalisme. La référence de

Vladimir Poutine aux minorités russophones hors des frontières de son empire ne s'identifie pas, quoi qu'en disent certains, à l'attitude du régime nazi vis-à-vis des minorités allemandes au-delà du Reich. Pour Moscou aujourd'hui, le lien viscéral est linguistique ; pour Berlin hier, il était ethnique.

Derrière cette passion du français se mêlent plusieurs ressorts. C'est l'incarnation de notre impérialisme culturel passé et, de ce point de vue, un ancien attribut de puissance que notre patriotisme peut révérer sans état d'âme ni ambiguïté. Rien n'est plus gratifiant que de se sentir les gardiens d'une langue qui, de la fin du XVIIe siècle à la chute de Napoléon, a dominé l'Europe. Même lorsque les ambitions territoriales françaises connaissaient des revers, de la guerre de Succession d'Espagne au traité de Paris, de la guerre de Sept Ans à Waterloo, notre puissance linguistique demeurait, elle, inentamée. *Espéranto* des élites européennes, symbole de la domination intellectuelle française, manifestation ultime de la civilisation, quintessence du raffinement, expression d'un art de vivre, snobisme des monarques étrangers, Fréderic II et Catherine II en tête : c'est ce passé-là que nous portons *in pectore* en révérant aujourd'hui encore les *Oraisons funèbres* de Bossuet, les *Pensées* de

148

Pascal, les digressions multiples de Montesquieu et l'éternel duel à distance entre Voltaire et Rousseau.

Voilà la réalité qui sert de toile de fond à ce mot de Leibniz : « La France est redevable au Cardinal de Richelieu de ce que non seulement sa puissance mais aussi son éloquence aient atteint le niveau que nous lui connaissons actuellement... Toutes les histoires concordent pour dire que la nation et la langue ont prospéré d'ordinaire en même temps. » C'est cette toute-puissance française-là dont nous avons, vissée au corps, la nostalgie, et s'accrocher au classicisme de la langue – imparfait du subjonctif inclus – est une manière de tisser un fil avec ce moment de gloire. La gloire linguistique est, en effet, plus solide que la gloire politique, plus durable que la gloire militaire, plus éclatante que la gloire diplomatique.

Cette langue-là s'identifie à l'Etat à la française, et révérer la première est aussi une forme de nostalgie du second. De l'édit de Villers-Cotterêts à la création de l'Académie française, de la naissance de la Comédie-Française à la passion révolutionnaire, le français est un attribut de la monarchie de droit divin, puis de l'Etat centralisé, fût-il révolutionnaire ou napoléonien. Ardent défenseur de notre langue, Vaugelas le disait sans réserve : « Pour moi je révère la véritable Antiquité et les sentiments des doctes, mais d'autre part je ne puis que me rendre à cette raison invincible qui veut que chaque langue est maîtresse chez soi, surtout dans un empire florissant et une monarchie prédominante et auguste, comme est celle de la France. » C'était le temps de l'apogée du français. Jamais il ne retrouvera un tel ascendant.

Faisant grandir les pulsions nationalistes en réaction à ses conquêtes, Napoléon donnera un involontaire coup de fouet aux langues continentales. L'allemand et l'italien ont en particulier retrouvé de la verdeur en s'identifiant aux réflexes d'hostilité qu'avait suscités l'Empereur. Langue impériale quand la France n'était pas impérialiste, le français a perdu de son lustre universaliste quand il est devenu la langue de l'occupant. De là un premier déclin : il ne domine pas le XIXe siècle de sa superbe, comme il l'a fait au XVIIIe siècle. La conquête coloniale a représenté plus tard un relais d'expansion linguistique, mais faire des Maghrébins, des Africains, des habitants de la Cochinchine des francophones n'exprime pas la même toute-puissance linguistique et donc littéraire que de dominer l'Europe des Lumières.

Rien n'est plus révélateur que la place du français aux Etats-Unis. Langue de l'allié libérateur, il a bénéficié pendant près de deux siècles d'un statut exceptionnel. Symbole des valeurs de liberté, porteur d'une culture perçue comme supérieure aux autres, il rimait avec l'éducation et le savoir et constituait un puissant marqueur social. Lorsque, pape de la critique littéraire, Gustave Lanson se rend en 1911 à New York comme *Visiting Professor* à Columbia, il est estomaqué de l'accueil qui lui est réservé et, à travers lui, de l'hommage rendu aux lettres françaises.

La France perd de son aura et donc le français de son attrait, quand elle s'identifie à Vichy, puis à des guerres coloniales qui hérissent l'esprit américain, y compris au sein de l'administration Eisenhower. Mais le français revit dans les années cinquante et soixante dans le sillage de nos monstres sacrés littéraires et philosophiques, les Sartre, Camus, Malraux, Beauvoir, Aragon, Mauriac, dont le monde intellectuel américain se nourrit, épouse les polémiques, participe aux excommunications, réconciliations, admonestations. Puis vint le temps des papes des sciences humaines dont le village français a méconnu l'influence aux Etats-Unis. L'aura des Lévi-Strauss, Braudel, Foucault, Deleuze, Derrida, Aron, était sans commune mesure dans les universités et les cercles intellectuels américains avec leur poids dans les cénacles parisiens. Autant de centres de recherches, de lieux de débats, de colloques dédiés à leurs œuvres et qui constituaient une formidable caisse de résonance pour l'usage de la langue française.

Le français s'engouffre aussi dans le sillage de notre influence politique. Ainsi la stratégie d'indépendance nationale du général de Gaulle avait-elle fait de lui une langue privilégiée dans le monde communiste : c'était pour l'Union soviétique et ses satellites un moyen de nouer un fil avec l'Occident, sans passer sous les fourches caudines de l'anglais, instrument de « l'impérialisme américain ». Le mur de Berlin tombé, le communisme aboli, la rente du français s'est volatilisée : l'anglais s'est imposé, tel le corollaire linguistique du capitalisme triomphant. Il demeure certes des oripeaux hérités du passé : langue quasi officielle de la diplomatie, aux XVIIIe et XIXe siècles, le français garde encore, en cette matière, un rang certain dans les enceintes internationales, Nations unies au premier chef.

Toute conquête de la langue française est, je l'avoue, matière à une petite poussée de fierté, tout recul une blessure. Aussi est-ce malheureusement aujourd'hui un étalon de notre déclin.

Economique : l'anglais triomphe avec la globalisation, la libération des marchés de capitaux, la fluidité de l'univers numérique ; rien ne résiste à cet *espéranto*, chaque jour plus éloigné des canons syntaxiques d'Oxford et de Cambridge.

Politique : la France rejoint, qu'on le veuille ou non, sa vraie taille, celle d'un pays important mais moyen ; les moments où elle donne encore l'illusion de « boxer au-dessus de sa catégorie » – le refus de la guerre d'Irak, la réaction à la crise financière de 2008, l'activisme militaire actuel – ne suffisent pas à établir les bases d'un rebond linguistique.

Littéraire surtout : la langue se glisse derrière sa littérature. Que les Nobel de Modiano et Le Clézio et le mythe Houellebecq ne servent pas de cache-misère ! Ce n'est pas de France que viennent désormais les grands auteurs internationaux : nul ne court dans la catégorie des Umberto Eco, Vargas Llosa, Coetzee, Philip Roth, sans compter les écrivains américains de moindre facture qui surfent sur la vague d'un anglais dominant. Notre prose romanesque est de plus en plus villageoise, égocentrique, sans ouverture aux grands espaces et au monde – chacun le sait mais l'omerta germanopratine interdit de l'avouer. Quel roman français, publié dans les vingt dernières années, peut prétendre à l'universalité ?

Déclin aussi des sciences humaines : hormis le succès de Thomas Piketty, incroyable mais circonstanciel, tant il était en osmose avec une préoccupation américaine, quel ouvrage rédigé en français s'est-il imposé dans le débat intellectuel mondial ? Fukuyama s'est substitué à Aron, Sloterdijk à Foucault, Habermas à Furet, Zizek à Derrida, Amartya Sen à Braudel. Seul Badiou surnage, mais qui pourrait se féliciter à l'idée de voir cette pensée si authentiquement fausse porter notre blason national ? Quant à ceux qui espèrent peser sur le cours des choses, au-delà même du jeu des idées, tel Bernard-Henri Lévy, ils essaient de se faire une place dans le concert intellectuel américain, en publiant, dissertant, débattant en anglais. De leur côté, Nobel ou non, nos scientifiques ne sont en rien des voltigeurs de la langue française, puisque leur importance ne se jauge qu'à l'ampleur de leurs publications internationales, toutes en anglais.

Le salut viendrait-il des médias audiovisuels ? Soit le cinéma français se contente de son confortable pré carré – financement garanti, scénarios en guise de bluettes, succès purement nationaux –, soit il se jette dans le grand bain, ce qui rime avec production internationale, vedettes mondiales et naturellement scénarios et dialogues en anglais. Rien n'est à attendre, non plus, des séries télévisées : pour elles aussi, l'écosystème audiovisuel français est suffisamment rentable pour brider, à quelques exceptions près – à mettre au crédit du seul Canal Plus –, toute ambition. Où sont les *Downton Abbey* français ou davantage encore *Borgen*, petite production danoise qui a conquis le monde ?

Existe-t-il aujourd'hui un domaine artistique, culturel, intellectuel où l'influence française est grandissante ? Triste situation dont tout militant de la langue française doit être conscient. Et pourtant, l'espoir demeure : il s'appelle la francophonie. C'est aujourd'hui une réalité non négligeable : 230 millions de francophones, une organisation internationale plus structurée que celle du Commonwealth, une kyrielle d'Etats qui savent faire bloc aux Nations unies, une vraie existence diplomatique. Mais surtout ces 230 millions pourraient devenir 750 millions en 2050, si notre influence politique, culturelle, linguistique se maintient en Afrique. Peu suspect de tropisme pro-français, le destin est pour une fois généreux avec nous ! N'avoir jamais lâché l'Afrique francophone, même aux pires moments, peut maintenant trouver sa récompense : profiter de l'explosion démographique certes, mais aussi désormais économique du continent. Si les Africains demeurent, d'ici là, aussi attachés à la France et au français qu'ils le sont, la francophonie deviendra plus importante que l'*Hispanidad*, évidemment à une nuance près : l'absence de 50 millions de citoyens des Etats-Unis parlant français ! Mais pour qui croit encore à la présence internationale de la France et au rayonnement de sa culture, c'est un formidable espoir.

Espoir et non certitude. Le risque est grand de voir les pays, aujourd'hui francophones, glisser subrepticement vers l'anglais, à l'instar des anciennes démocraties populaires après 1989. Tout y concourt : les flux de la mondialisation, les phénomènes capitalistes, et plus encore la domination, depuis les confins du Sahara jusqu'à Hanoï, depuis Dakar jusqu'à Montréal, de l'univers médiatique et numérique américain.

Pour tout adolescent, l'oreille vissée à son portable, le nez sur une tablette, les doigts sur un clavier de jeu vidéo, l'univers bruisse en anglais ou dans la « novlangue » qui lui ressemble. Pourquoi, dans dix ans, apprendrait-il le français et le pratiquerait-il ? Ce n'est pas une perspective naturelle. Transformer les centaines de millions de potentiels francophones en praticiens du français ne se fera pas aisément. Un engagement de tous les instants sera nécessaire de la part des institutions françaises.

De l'Etat au premier chef, qui doit voir dans cette marée de francophones potentielle une chance exceptionnelle et en faire un objectif prioritaire de son action, ce qui suppose de mettre les interventions sur ce terrain-là, à l'abri du rabot budgétaire qui nous attend pendant des décennies. Une présence politique dans ces Etats à démographie galopante, sans verser dans les tentations du néo-colonialisme ; une disponibilité militaire qui échappe aux travers de l'interventionnisme abusif ; une capacité de suivre, en enseignants et moyens pédagogiques, l'envolée des effectifs potentiels ; une obsession pointilliste afin d'empêcher l'anglais de conquérir les élites administratives et économiques locales.

Des entreprises, que l'attrait de ces marchés en croissance exponentielle va rendre omniprésentes, mais qui peuvent céder aux facilités de « l'américain d'aéroport » au lieu de jouer les *missi dominici* du français.

Des médias, du monde académique, des spécialistes en tout genre de l'Afrique, des « ONG », de la société civile qui risquent de ne se sentir aucun devoir militant à l'égard de la langue française et qui considéreraient en première instance ces pays africains en expansion, à l'instar de n'importe quelle zone en développement.

Des universités et grandes écoles qui pourraient ne pas faire un objectif prioritaire de la formation des dirigeants de ces pays, au risque de les laisser suivre le tropisme qui emmène tant de futurs leaders vers les campus américains.

Si la diffusion du français ne bénéficie pas chez nous d'un consensus « bipartisan » et d'une mobilisation comme seules les conquêtes d'antan savaient la susciter, le grand cercle des 750 millions de francophones potentiels ressemblera à un ensemble vide, tel que la théorie mathématique l'a défini.

Pourquoi faire coïncider à ce point l'amour patriotique du français et son influence internationale ? Parce que c'est la seule manière d'être universaliste, expansionniste, conquérant, voire impérialiste sans remords ni culpabilité. Dans le monde contemporain, le patriotisme le plus classique est soit niais, soit malvenu. Il lui est difficile de ne pas apparaître archaïque, borné, fermé aux autres, en un mot primaire. La langue est son instrument le plus respectable. S'en faire le militant passionné, c'est à la fois un geste de culture et un signe d'identité, une manière de coller au passé sans paraître archaïque et un gage de pérennité. Prenons, le temps d'une mystification, tous les propos identitaires sur la langue et remplaçons-les par « économie, histoire, politique ». Ce seraient des florilèges protectionnistes, xénophobes, colonialistes, cocardiers, insupportables, très au-delà de ce que le débat public peut tolérer. Dès lors qu'il s'agit de la langue, les mots s'apaisent, se nimbent d'un halo culturel, expriment un respectable goût des racines, prennent une densité émouvante. Sans doute sont-ils portés par une passion sincère, une fascination intellectuelle, une sensualité des sonorités et de la syntaxe, une émotion devant les mystères de la prose classique, les émois de la poésie. Mais au-delà de ce qui relève de l'esthétique, le goût primitif de la communauté nationale prévaut et s'ébat en toute liberté.

Je ne suis pas dupe et confesse volontiers qu'écrire « la langue est ma patrie », c'est canaliser le sentiment de nationalisme enfantin qui flotte en moi en le cantonnant au seul domaine où il ne fait pas honte.

CHAPITRE 8

LA FRANCE
D'UN « ASSIMILÉ PUR ET PARFAIT »

Aussi loin que remonte ma mémoire, je n'ai connu d'autre expression à la table familiale qu'« assimilation ». Certes, mes parents étaient attachés à certaines de leurs racines – la langue yiddish, quelques réminiscences culinaires, une forme d'humour : les « witz[1] » –, mais c'étaient des points d'ancrage moins marquants tels que je les ai ressentis que ceux des Bretons de Paris, des Alsaciens, des Marseillais ou a fortiori des Corses. Ce mélange de folklore et de signes culturels ne m'a même pas été transmis. Aussi suis-je, à cet égard, plus démuni de racines que mes congénères issus de la méritocratie républicaine qui conservent quelques traces de leur « douar » d'origine. Pour employer le mot que les économistes attribuent au marché « pur et

_____
1. Witz : blagues dans la tradition yiddish.

parfait », je suis un « assimilé pur et parfait ». Mais si mon cœur fait de moi un intégriste de l'assimilation, ma raison m'en éloigne.

Le glissement dans le débat public de l'assimilation à l'intégration me peine, mais encore cette dernière me paraît-elle, dans la France d'aujourd'hui, aussi éloignée que le point oméga dans la philosophie de Teilhard de Chardin. Alors que la ligne de plus grande pente de notre société nous pousse vers le communautarisme, se fixer comme objectif une intégration raisonnable traduit déjà une ambition immense : elle ne se fera qu'au prix de révolutions coperniciennes. Dans notre relation à l'Islam. Dans notre conception de la laïcité. Dans notre manière de transmettre notre corpus identitaire. Dans notre façon de combattre l'accumulation des inégalités et l'exclusion.

Quel équilibre trouver vis-à-vis de l'Islam entre irénisme et préjugés, méconnaissance et méfiance, acceptation paisible et réticences philosophiques ? L'irénisme ? C'est le discours lancinant de la « gauche bobo » : une religion comme une autre, qui se trouvera embarquée dans le consensus républicain comme, en son temps, le judaïsme. Les préjugés ? Les glissements successifs qui confondent l'extrémisme et la pratique du plus grand nombre, la conviction que cette religion n'acceptera jamais l'ascendant des règles civiles, le sentiment que le radicalisme gagne d'année en année du terrain. La méconnaissance ? Elle tient à l'incapacité de connaître le nombre exact de musulmans, d'appréhender la part de pratiquants, de suivre l'évolution même des formes de religiosité. La méfiance ? Elle se manifeste, tous les jours, dans les regards portés sur les femmes voilées, si léger soit parfois le voile, mais aussi dans les mots, les postures, les non-dits, les allusions, les remarques rentrées. L'acceptation paisible ? Elle se traduit par le respect quotidien à l'égard des millions de musulmans qui pratiquent le jeûne lors du ramadan, vont à la mosquée le vendredi, font régulièrement leurs prières à l'instar des habitués des églises, des temples et des synagogues. Les réticences philosophiques ? Elles se fondent sur la difficulté de la religion musulmane pour accepter l'interposition, entre Dieu et l'homme, d'une société avec ses règles laïques et sur l'absence, dans l'islam, du précepte que le catholicisme a fait sien depuis l'origine : « Ce qui est à Dieu est à Dieu, ce qui est à César est à César. » La pensée ne cesse d'osciller, à l'égard de la religion musulmane, entre toutes ces postulations simultanées.

Dans un tel contexte, il est quasiment impossible de poser des questions simples. Par exemple, la pratique religieuse s'est-elle, au fil des dernières décennies, durcie ? Les manifestations d'identité religieuse sont-elles la traduction d'une dynamique intégriste ? Résultent-elles simplement du plus grand libéralisme ambiant et donc d'une moindre autocensure des fidèles ? Et tant d'autres interrogations…

Le rêve serait d'oser faire vis-à-vis des musulmans, *mutatis mutandis*, la même démarche que Napoléon a suivie à l'égard des Juifs à partir de 1806. Celui-ci avait convoqué une « Assemblée des notables » juifs, choisis par les préfets, à laquelle il avait soumis douze questions. 1. Est-il licite aux Juifs d'épouser plusieurs femmes ? 2. Le divorce est-il permis par la religion juive ? Le divorce est-il valable sans qu'il soit prononcé par les tribunaux et en vertu de lois contradictoires à celles du code français ? 3. Une Juive peut-elle se marier avec un chrétien et une chrétienne avec un Juif ? 4. Aux yeux des Juifs, les Français sont-ils leurs frères ? Ou sont-ils des étrangers ? 5. Dans l'un et l'autre cas, quels sont les rapports que la loi leur prescrit avec les Français qui ne sont pas de leur religion ? 6. Les Juifs nés en France et traités par la loi comme citoyens français regardent-ils la France comme leur patrie ? Ont-ils l'obligation de la défendre ? Sont-ils obligés d'obéir aux lois et de suivre toutes les dispositions du Code civil ? 7. Qui nomme les rabbins ? 8. Quelle juridiction de police exercent les rabbins parmi les Juifs ? Quelle police judiciaire exercent-ils parmi eux ? 9. Cette forme d'élection, cette juridiction de police sont-elles voulues par leurs lois, ou seulement consacrées par l'usage ? 10. Est-il des professions que la loi des Juifs leur défende ? 11. La loi des Juifs leur défend-elle de faire l'usure à leurs frères ? 12. Leur défend-elle ou leur permet-elle de faire l'usure aux étrangers ?

Etonnant questionnaire à la fois daté et contemporain, dont le fil consistait à vérifier la compatibilité du judaïsme avec le Code civil. Une fois les réponses recueillies et jugées positives par l'Empereur, celui-ci réunit une assemblée de nature plus religieuse, « le Grand Sanhedrin », dont la majorité des membres était des rabbins, afin de vérifier qu'elle partageait l'opinion des notables. Fort de cette double approbation, Napoléon promulgua en 1808 les textes établissant des Consistoires dans chaque département ayant une population d'au moins 2 000 Juifs et en surplomb le Consistoire central. Cet édifice institutionnel s'est perpétué depuis plus de deux siècles, avec une communauté juive passant de 40 000 membres à l'époque, jusqu'à 600 000 aujourd'hui. S'est ajouté, plus tard, le symbole de la prière pour la République française, prononcée lors de chaque office, le vendredi soir.

Si un tel exercice était possible à l'égard du monde musulman, il viserait, d'une part à structurer un islam de France, de façon, pour les pouvoirs publics, à disposer d'interlocuteurs légitimes, de l'autre à vérifier que la très large majorité des Français musulmans fait sienne la primauté des lois civiles sur les préceptes d'organisation et les traditions propres à leur religion, et ce, de l'égalité hommes-femmes jusqu'au refus de la charia. Poursuivre le parallèle avec l'épisode napoléonien supposerait de surcroît que l'Etat contrôle la formation des imams et les rémunère, comme il le faisait à l'époque pour les rabbins, à l'instar des prêtres sous l'égide du Concordat de 1801, et des pasteurs en vertu du règlement impérial relatif aux protestants.

Illusion dans le contexte d'aujourd'hui ? Le questionnaire est envisageable : c'est un moyen d'obliger les musulmans de France à s'organiser *a minima*. Il permettrait de lever l'hypothèque que beaucoup de Français non musulmans, même amicaux à l'égard de l'Islam, estiment peser sur la hiérarchie des normes juridiques : le doute sur la primauté absolue des lois de la République ne serait, de la sorte, plus de mise. J'entends les objections : la simple idée de ce questionnaire est discriminatoire ; elle est l'expression d'une suspicion ; elle stigmatise la population musulmane ; la recherche de responsables représentatifs risquerait d'être aléatoire et contestée. Mais mieux vaut une délicate opération-vérité dont le résultat est prévisible – la reconnaissance très largement majoritaire du primat des principes républicains –, que la progressive métastase du sentiment antimusulman en France. L'Islam ressemble, en fait, à un territoire souterrain au sein même de la société française. Le faire émerger, à l'occasion d'une opération calquée sur celle de 1806, ne pourrait qu'améliorer, à long terme, la situation.

Quant à l'autre mesure, la formation et la rémunération des imams, elle est malheureusement illusoire, tant est prégnant le mythe de la laïcité à la française. Ce serait faire de l'Islam une religion sous statut quasi concordataire ! Au moins serait-il possible de la mettre en place en Alsace-Lorraine, où les trois religions, catholique, protestante et juive, vivent encore sous le régime napoléonien, puisque celui-ci n'a pas été abrogé en 1918, au moment du retour de ces provinces à la France. Ce serait une utile expérience *in vivo*. Mieux vaudrait des imams formés sous l'égide de l'Etat par des associations cultuelles reconnues, que la situation actuelle, c'est-à-dire une formation qui va à vau-l'eau et une absence de contrôle.

Dans le même esprit, le bon sens exigerait de suspendre, pour une période de cinq ans, la loi de 1905 à l'égard du culte musulman. Lorsque celle-ci a été votée, l'Islam était une religion marginale en France. Il lui fut refusé, en 1906, de se voir appliquer ce texte. La première mosquée édifiée sur le sol national a été, après le premier conflit mondial, la Grande Mosquée de Paris en témoignage de reconnaissance à l'égard des soldats d'Afrique du Nord morts pour la France. Depuis lors, 2 500 à 3 000 mosquées ont été installées dans des conditions acrobatiques ; elles ne possèdent pas, en général, les attributs naturels d'un lieu de culte – une certaine grandeur, une dignité minimale. Des comparaisons, certes statistiquement aléatoires, mettent en regard l'entassement des fidèles dans ces mosquées dont 60 % occupent moins de 100 m² et les 40 000 églises qui accueillent, le dimanche, des pratiquants de moins en moins nombreux. Empêchées par le texte « sacré » de 1905 de financer les lieux de culte, les municipalités sont obligées de ruser, de subventionner les centres culturels adossés aux mosquées, d'offrir des baux emphytéotiques. Quant à l'Etat, il s'abrite derrière le mythe de la laïcité à la française pour jouer les « Ponce

Pilate ». Comment ne pas comprendre l'humi-
liation des musulmans quand ils comparent les
conditions d'exercice de leur culte à celles des
trois religions institutionnelles – catholicisme,
protestantisme, judaïsme ? Ce n'est pas en faisant de l'Islam une religion de second rang par
son statut qu'on facilitera son intégration. La
mettre à parité avec les autres cultes est un préalable au débat que la société française doit ouvrir
avec elle. Il faut savoir sortir temporairement
des contraintes de la loi de 1905 pour mieux y
revenir ensuite. Je mesure la difficulté politique
d'expliquer à l'opinion une démarche aussi paradoxale, mais l'hypocrisie actuelle nous conduit à
une impasse : un Islam marginalisé, qui s'auto-
gère, dont les extrémismes font leur miel et qui
provoque un rejet collectif et malvenu de la part
des autres composantes de la société.

C'est toute l'ambiguïté du débat actuel sur la
laïcité. Je suis issu d'un milieu dont l'athéisme
militant se muait en posture « laïcarde ». Pour
mes parents, qui avaient rompu à l'âge de vingt
ans avec le judaïsme religieux oppressant de
leurs *shtetls* et qui, pendant quatre-vingts années,
se sont refusés à franchir le seuil d'un édifice
religieux, catholique, protestant ou juif, à l'occasion d'un office de mariage ou d'enterrement,
la laïcité se devait d'être absolue. La présence

d'aumôniers dans les lycées publics leur paraissait une concession indue à des religions qui, aux yeux de ces anciens marxistes, demeuraient « l'opium du peuple ».

Excessives à mes yeux, ces postures n'étaient pas l'apanage exclusif de ces Juifs des années vingt qui s'étaient émancipés, via le communisme, de la religion qui avait baigné leur enfance et leur adolescence. Michel Charasse, qui ne franchit pas le porche de l'église de Jarnac le jour des obsèques de son maître, François Mitterrand, Elisabeth Badinter qui s'est établie en vestale d'une laïcité pure et dure, mon ami Pierre Bergé, cet homme de feu qui met sa capacité d'absolutisme au service d'une vision très « petit père Combes » de la séparation de l'Etat et des Eglises : autant d'héritiers des combats de 1905. Ils ne sont paradoxalement pas les descendants du courant idéologique à l'époque dominant. Celui-ci était – on l'oublie trop souvent – modéré. Aristide Briand, son principal porte-parole, voulait éliminer l'influence de l'Eglise sur l'Etat, mais non lui imposer un *diminutio capitis* humiliant. Ce sont d'ailleurs les responsables du monde catholique, et non les défenseurs de la laïcité, qui réclamèrent l'inventaire des objets du culte, lequel donna lieu ultérieurement aux images d'Epinal les plus éculées sur l'affrontement de l'Etat et de l'Eglise catholique, avec ces soldats, les larmes aux yeux, obligés d'arracher les chandeliers des mains de prêtres apeurés.

Athée mais peu porté au prosélytisme, je me suis toujours senti à l'aise dans la laïcité paisible à la Aristide Briand, dont se réclame benoîtement la Constitution de la Vᵉ République : « La France est une République indivisible, laïque, démocratique et sociale » ; « elle assure l'égalité devant la loi de tous les citoyens sans distinction d'origine, de race ou de religion. Elle respecte toutes les croyances ». On pouvait espérer que ces mots bienveillants suffiraient à mettre un point final au débat. Ce fut longtemps le cas, mais cette paix civile n'a pas résisté à l'ascension d'un Islam de plus en plus désireux de s'affirmer. J'ai eu beaucoup de mal à me passionner en 1989 pour le débat sur le voile à l'école, qui a enflammé le monde intellectuel français. L'invention, jésuitique d'esprit, des « signes ostentatoires », m'est apparue témoigner de l'ennui d'une société en mal de grandes querelles. Le voile devait être discret, la kipa peu visible, la croix de petite dimension et la France retrouverait sa quiétude.

Je confesse n'avoir pas mesuré qu'un engrenage était en route. Les heures de piscine réservées aux femmes, le refus de malades musulmanes d'être examinées par des médecins hommes :

autant de mises en cause ultérieures d'un principe fondateur du pacte républicain. C'est tout le problème de ce que les Québécois appellent les « accommodements raisonnables ». Où faire passer la ligne du possible et de l'impossible ? Autoriser des femmes voilées à accompagner les sorties scolaires ? Oui, car ce n'est ni porter atteinte à leur dignité de femmes, ni accepter un prosélytisme agressif. La burqa ? Non, bien sûr, car elle stigmatise la femme. Les repas de substitution dans les écoles ? Oui, évidemment, puisqu'ils ne font de tort ni à des principes intangibles, ni à autrui. Le voile à l'université ? Plus discutable sur le fond, mais l'empirisme doit prévaloir : quel président d'université prendra le risque de perturber l'ordre interne en essayant de faire respecter cette interdiction ? Donc autant ne pas déconsidérer l'autorité publique en édictant une règle destinée à être battue en brèche.

Il existe en fait deux approches. Soit interdire les gestes qui s'assimilent à une forme, même légère, de prosélytisme. Soit les tolérer mais, en revanche, s'opposer aux manifestations qui portent atteinte aux principes républicains et en particulier à l'égalité sous toutes ses formes. Expression de la laïcité pure et dure, apanage des héritiers du petit père Combes – non l'amoureux de la princesse Bibesco, chartreuse d'Alger mais l'ennemi de l'Eglise –, la première approche est devenue un instrument politique pour refouler l'Islam hors du champ public, c'est-à-dire l'ostraciser. Se situant dans une mouvance plus accommodante, la seconde a l'avantage de céder sur des sujets secondaires afin de mieux défendre l'essentiel : la primauté des lois de la République sur toutes les formes de communautarisme. C'est reproduire à l'échelle d'une nation moderne, et avec en ligne de mire une communauté de six millions de membres, ce que Napoléon a réussi vis-à-vis de la microscopique population juive en 1806 : assurer le primat de la loi, à l'époque impériale, aujourd'hui républicaine.

Eviter tout sentiment d'ostracisme et ne pas céder sur l'essentiel : tel devrait être notre credo. Mais encore faut-il un processus pour l'appliquer et accoucher d'« accommodements raisonnables ». L'autorité de l'Etat républicain n'a pas, de ce point de vue, la latitude de l'administration impériale. Si la société civile n'est pas associée à cette quête de bon sens, l'échec est certain. D'où la nécessité de trouver des relais, et en particulier une organisation de la communauté musulmane, qui puissent s'associer au débat. L'espoir d'un « Grand Sanhedrin » musulman, émanation d'un Islam quasi concordataire, est hélas utopique. Peut-être une telle approche aurait-elle été possible il y a trente ou quarante ans, quand les travailleurs immigrés rêvaient d'une assimilation que la société française leur refusait. Travaillée aujourd'hui par des représentants de gouvernements étrangers – algérien, marocain, turc... – désireux de contrôler leur diaspora, divisée entre des générations plus ou moins religieuses, taraudée par le conflit entre l'occidentalisme des comportements quotidiens et la présence lancinante des prédicateurs, la communauté musulmane n'est pas prête pour cette organisation dont rêverait tout gouvernement : un interlocuteur incontesté avec lequel négocier les accommodements. C'est donc de la multiplicité des contacts, des formes de discussion, des débats interreligieux, des symposiums, affrontements médiatiques, en un mot du tréfonds de la société que peut naître le contexte propre à aider les autorités publiques nationales et locales à fixer lesdits accommodements. Mais à elles simultanément d'énoncer, de façon autoritaire, les lignes rouges qu'elles ne laisseront jamais franchir ! Cet édifice mêlant le toléré et l'interdit, le possible et l'impossible, demeurera, ne nous leurrons pas, bancal.

Il n'y a aucune raison pour que le même flou règne dans la transmission des valeurs, de l'histoire, des principes. La faiblesse, les compromis, les renonciations ne relèvent que d'une faute collective. Convaincu que les Gaulois n'étaient pas mes ancêtres, j'ai adoré croire néanmoins qu'ils l'étaient. J'appartiens à une génération qui s'est laissé emporter par le « roman national » initié par Lavisse, relayé par Malet-Isaac, transfiguré par des professeurs passionnés. Sourire à l'exploit d'Austerlitz, pleurer au drame de Waterloo, palpiter de fierté à l'évocation de Marignan, être renfrogné au récit de Pavie, être ému par la levée en masse de l'An I, avoir honte de la débandade de Sedan : autant de sentiments un peu primaires, voire primitifs, mais qui participaient d'une identité viscérale. J'aurais détesté entendre mes parents m'expliquer que ma propre histoire était autre et que je ne rejoignais le fil français qu'à partir de leur arrivée en France, en 1931. Ils ont eu la volonté de laisser l'assimilation s'accomplir naturellement. Aussi ne supporté-je pas que l'histoire soit enseignée de multiples points de vue, comme un paysage peut s'observer sous plusieurs angles. La seule exception ne pourrait être, à mes yeux, qu'européenne : présenter la guerre de 1914 aux petits Français en intégrant la vision allemande, et donc en essayant d'éviter le manichéisme serait un geste intelligent dans la perspective de la construction européenne. Il ne s'agit d'occulter ni l'esclavage, ni la traite des Noirs, ni le colonialisme, mais de refuser de les présenter, comme le veut l'atmosphère ambiante, à l'aune exclusive de la repentance.

Faire de Jules Ferry un esclavagiste est aussi absurde qu'insupportable. Il existe une confusion du mal qui met sur le même plan le colonialisme et le nazisme, l'expansionnisme et l'instinct de domination, l'absolutisme monarchique et le fascisme. Ce sont les mêmes qui, épigones de Clemenceau, ahanent « la Révolution est un bloc » et refusent d'accepter que l'Histoire de France soit, elle aussi, un bloc. Le « pédagogisme » – cette calamité éducative –, le « politiquement correct », la « bien-pensance » nous ont fait passer de l'arrogance à l'humilité, de la bonne à la mauvaise conscience, du complexe de supériorité à celui d'infériorité. Nous ne méritons, selon le mot de Racine, « ni cet excès d'honneur, ni cette indignité ». La question n'est pas de refuser de traiter, face aux petits beurs, le problème algérien, de Bugeaud à Ben Bella, mais de le faire en équité. De là l'obligation, sur des sujets aussi sensibles, de ne pas laisser une trop grande liberté aux enseignants, sous peine de voir se télescoper, d'une classe à l'autre, des visions antinomiques. Ce n'est plus « la France de Dunkerque à Tamanrasset » qu'il s'agit d'enseigner mais la même histoire de Maubeuge à

Corte, de Brest à Forbach. L'histoire, en matière d'identité, est « la mère de toutes les batailles ».

L'apprentissage des institutions, du règne de la règle de droit, de l'*habeas corpus*, du pacte républicain, de l'Union européenne, constitue aussi une obligation qui mériterait les quelques heures de cours abusivement dérivées vers des « travaux interdisciplinaires » aussi flous que vains. Quand le vent souffle, il faut s'accrocher au bastingage. Celui-ci s'appelle, en matière d'identité, une histoire ni sublimée, ni caricaturée, un apprentissage des règles de vie en société qui ne se prétend pas un substitut laïc aux morales religieuses, un enseignement du français qui ne transige ni sur l'orthographe, ni sur la grammaire. Propos réactionnaires et illusoires ? Je connais l'antienne : dans le monde de la globalisation et de l'Internet, des SMS et de YouTube, cette partie-là est perdue. Si elle n'est pas livrée, c'est sûr ! Mais de même que la passion de la langue constitue le dernier nationalisme acceptable, une vision équilibrée de l'Histoire et l'enseignement de notre contrat institutionnel et social représentent les ultimes remparts pour partager un minimum d'identité, à défaut d'être des clefs pour une assimilation désormais hors d'atteinte.

Ce n'est pas un remugle marxiste de penser qu'au-delà même de l'enjeu culturel et religieux, le primat demeure social. La lutte des classes ne structure certes plus la société, mais dès lors que celle-ci est écrasée par l'individualisme, « l'ascenseur social » devient essentiel. Si la classe moyenne domine, l'équilibre du pays suppose des va-et-vient en son sein. Or de ce point de vue, la situation ne cesse de s'aggraver. Cela vaut, nous le savons, pour la promotion sociale à l'ancienne : de moins en moins d'enfants d'ouvriers dans les grandes écoles du fait d'une prime chaque jour grandissante pour les détenteurs du capital culturel. Si désolante soit-elle, cette situation serait vivable si elle ne s'accompagnait pas d'un total blocage pour les enfants issus récemment de l'immigration. Avons-nous, Jean-Charles Naouri, Patrick Kron, moi-même dans la sphère économique, Alain Finkielkraut, Alexandre Adler dans l'ordre intellectuel, Manuel Valls, Anne Hidalgo dans le monde politique, des successeurs africains, turcs, beurs ?

Seul l'univers artistique est ouvert et nombre d'enfants d'immigrés y réussissent. Le talent y est en effet l'unique sésame : nulle barrière culturelle, sociale, éducative, ne joue. Mais dès lors que la « diplômite » – cette maladie aiguë de la société française –, les réseaux de connivence, le poids des codes s'avèrent déterminants, la situation est désastreuse, sans équivalent dans les autres pays occidentaux. Les Etats-Unis ont fabriqué une élite noire, grâce à près d'un demi-siècle de discrimination positive. Traitant ses minorités comme hier ses colonies, le Royaume-Uni a « etonisé » puis « oxfordisé » les étudiants musulmans les plus brillants ; les partis politiques leur ont fabriqué des cursus privilégiés et la City s'est acharnée à inventer quelques vedettes issues des « minorités visibles ». Quant à l'Allemagne fédérale, pays de loin le plus démocratique et socialement le plus ouvert d'Europe, elle a utilisé la promotion par la formation professionnelle, l'ascension à travers les cursus syndicaux, l'élévation via les partis politiques, pour s'éloigner du modèle archaïque qu'avait imposé le droit du sang : aussi a-t-elle commencé à intégrer avec succès la minorité d'origine turque.

La situation est chez nous, par comparaison, affligeante. On se rassure en prétendant que le rôle croissant du marché atténuera les rentes et les privilèges ; on s'amuse à mettre en exergue les deux ou trois entrepreneurs kabyles ou arabes au succès incontestable, le premier préfet musulman ou telle autre exception. Le monde politique a essayé de tordre les processus classiques de sélection et les Rachida Dati et autres Najat Vallaud-Belkacem sont devenues les symboles de cette volonté. Mais les réalités les plus lourdes demeurent. Combien de PDG du CAC 40 noirs, arabes, berbères, musulmans ? Combien de présidents d'université issus des minorités visibles ? Combien de membres des cinq académies ? Combien d'inspecteurs des Finances, de conseillers d'Etat, de préfets, d'ambassadeurs ? Combien d'intellectuels à la française, à cheval sur l'Université et la scène médiatique ? Combien de mandarins médicaux, de médailles Field, de Nobel ?

Seule la discrimination positive peut donner un peu d'air à une société aussi bloquée, mais elle est contraire à nos principes constitutionnels, qui bannissent toute référence ethnique ou religieuse. Il faut donc ruser. Ceci suppose au minimum une connaissance des populations en mal d'intégration. Trêve de cette hypocrisie qui refuse les statistiques ethniques et religieuses et s'accommode du recours aux lieux de résidence ou aux prénoms pour essayer d'appréhender la réalité ! Connaître le panorama humain de notre pays est un préalable à toute action. S'y refuser est une posture confortable mais en fait immorale : c'est s'accommoder, sous couvert de grands principes, du statu quo.

Mais, une fois cette étape franchie, la question se posera du recours à la discrimination positive. Elle n'est plus taboue : ainsi du quota de 40 %

que la loi a établi en faveur des femmes dans les conseils d'administration. Certes, nul n'imagine – heureusement ! – de réserver un quantum de places dans les grandes écoles aux beurs ou aux Africains, du moins officiellement. Pourquoi ne pas suivre la méthode établie aux Etats-Unis : donner un nombre de points supplémentaires à certains candidats ? A défaut de le faire sur une base ethnique, il serait loisible de se référer aux parcours scolaires : les élèves ayant suivi leur cursus dans des lycées de zones d'éducation prioritaires ou de zones sensibles disposeraient ainsi d'un capital de points supplémentaires au moment des épreuves. Par ailleurs, l'Etat pourrait signer avec le patronat un accord, afin de promouvoir la présence des minorités visibles dans les conseils d'administration et plus encore dans les comités de direction générale. Il n'y aurait aucune sanction pécuniaire en cas de manquement, mais un bilan serait rendu public chaque année, de manière à maintenir la pression sur les signataires. L'administration devrait naturellement s'imposer les mêmes règles et ce, d'autant plus qu'elle s'en prétendra par ailleurs le garant vis-à-vis du secteur privé.

La discrimination positive n'est pas une panacée, l'expérience américaine le montre à satiété, mais elle a au moins le mérite de signifier aux populations en mal d'intégration qu'il existe une volonté collective de les aider à y parvenir. Ce serait une manière de sortir de la logorrhée actuelle pétrie de prétendus bons sentiments, face à une situation qui ne cesse de se détériorer. Peut-être beaucoup de membres des populations visées ne voudront-ils pas entrer dans ce processus, mais au moins auront-ils vu que la République était prête à bousculer, en leur faveur, ses dogmes.

Face aux questions récurrentes du droit du sol et de la gestion de l'immigration, un assimilé « pur et parfait » se doit de conserver des réactions viscérales. Cette émotivité vaut d'abord pour l'exil. Jamais l'enfant d'immigré que je suis n'émigrera pour des raisons fiscales : aucun taux confiscatoire ne me fera partir. Un assimilé n'a pas le droit de devenir un émigré. Mais je me sens avant tout un enfant du droit du sol, même si, mes parents ayant été naturalisés avant ma naissance, je suis en fait un produit du droit du sang. Au moment où le pays historiquement le plus imprégné du droit du sang, l'Allemagne, adopte, avec de moins en moins de restrictions, le droit du sol, je ne supporte pas l'idée que la France puisse y déroger. Que n'entend-on ? Un retour en arrière complet, prôné par un Front national qui signe de la sorte sa fidélité à ses gènes originels ; le désir, pour d'aucuns, de limiter cette disposition aux seuls enfants d'Européens, ce qui, en pratique, le supprime pour 90 % des demandeurs actuels ; la volonté hypocrite de maintenir le principe et de le vider en fait de toute substance à travers une kyrielle de clauses restrictives... Peut-être suis-je, sur ce sujet-là, déraisonnable, à rebours de mon tempérament profond, mais une France avec un droit du sol amputé ne me semble pas être fidèle à elle-même. Dans l'éternel débat Fichte versus Renan, le peuple-nation *versus* le « plébiscite quotidien », défigurer le droit du sol c'est basculer vers le philosophe allemand et l'ethnocentrisme, aux dépens de notre histoire.

Ayant été bercé, toute mon enfance, par les récits de l'immigrée clandestine qu'a été, pendant dix ans, ma mère, je devrais de la même manière être submergé par un libéralisme indestructible en matière d'immigration. Ce n'est pas le cas. Impossible de faire comme si la population française était indifférente au rythme de l'immigration, sauf à vouloir semer des pétales de roses sur le chemin vers le pouvoir du Front national ! A l'inverse, l'immigration zéro est, chacun le sait, un leurre. Forte de sa bonne démographie, la France a certes moins besoin que ses partenaires européens d'un flux d'entrées massif afin de combler d'hypothétiques besoins inassouvis de main-d'œuvre. Mais il lui faut pourtant, fût-ce en moins grand nombre, des travailleurs venant de l'étranger, aux deux bouts du marché du travail : du personnel très qualifié – ingénieurs, médecins, scientifiques – et des employés peu qualifiés. La seule manière de répondre à cette demande est d'établir des quotas par profession, sans être naturellement dupes des effets sur les flux d'entrées : ce seront plutôt des Indiens que des Maliens qui bénéficieront de visas d'informaticiens... Quant au regroupement familial, peut-être fut-ce une mauvaise décision de le généraliser en 1974, mais il est aujourd'hui de droit, solidement ancré dans la législation européenne.

Demeure la question, chaque jour grandissante, des demandeurs d'asile. La France doit arrêter de se prétendre le refuge de toutes les victimes politiques de la Terre : l'Allemagne reçoit et accepte tellement plus de demandes que nous-mêmes. Le principe du traitement des requêtes est simple ; la réalité, chacun le sait, dramatique. L'immigration économique camouflée en asile est proscrite et il n'y a pas d'autre solution que de refouler les déboutés, mais la durée des procédures rend, pour une large part, ce principe inopérant. La jurisprudence est parfaite : humaine, nuancée, intelligente. Il manque les quelques centaines de millions d'euros pour démultiplier les moyens, réduire la durée de traitement des dossiers, donc rendre leur exécution efficace. Mise en parallèle avec l'intensité du débat politique sur cette question, cette pénurie de moyens est absurde, comparée aux dizaines de milliards engloutis dans l'aide au logement ou les compensations aux trente-cinq heures.

Les pouvoirs publics sont très pusillanimes, à rebours de la tradition française, sur les questions d'asile, par peur des réactions de l'opinion publique et de l'ombre portée du Front national. Dans le jeu de défausse qui laisse l'Italie et la Grèce en première ligne, face à l'afflux de migrants en provenance du Proche-Orient et de l'Afrique subsaharienne, la France ne fait pas bonne figure. Accrochée à la règle de Schengen qui laisse responsable le pays d'arrivée du réfugié, elle se refuse à reconnaître que l'ampleur des migrations venant du sud de la Méditerranée rend obsolète et injuste ce dispositif. L'île de Lampedusa n'est pas la frontière de l'Italie : c'est celle de l'Europe, et l'Union devrait « communautariser » le sujet. Lorsque la Commission évoque l'idée de bon sens de quotas entre les Vingt-huit pour accueillir ceux de ces malheureux qui relèvent du droit d'asile, le gouvernement français dit immédiatement, de manière quasi pavlovienne, non. Comment ne pas être impressionné en revanche par l'élégance avec laquelle l'Italie supporte ce fardeau ? Les populations locales, si pauvres soient-elles, ne manifestent guère de xénophobie et se révèlent plutôt accueillantes ; les pouvoirs publics respectent les accords de Schengen, alors qu'ils pourraient évoquer un cas de force majeure et faire de cette question un enjeu européen capital, afin d'obtenir un meilleur soutien de leurs partenaires : Renzi s'est contenté jusqu'à présent de brandir mezza voce cette menace.

Je dois reconnaître, le cœur lourd, que j'admire davantage l'Italie dans la conduite de cette affaire que je ne respecte la France. Pour un assimilé, c'est toujours une douleur plus grande que pour un « Français de souche » d'avoir un peu honte de la France, a fortiori quand sont en cause la naturalisation, l'immigration, le droit d'asile. Je n'imaginais pas possible le retour de la France aux remugles xénophobes des années trente, tels que mes parents avaient pu les vivre. Mais ce qui était explicable en 1935 ne l'est plus en 2015 : l'Histoire est, entre-temps, passée ; le pays est infiniment plus riche et les enjeux moraux se sont imposés. Un assimilé rêve, sur ce plan-là, d'une autre France... Mais la réalité est là : un

Etat sous contrainte budgétaire, une émotivité extrême de l'opinion, un chantage des forces populistes, une sensibilité exacerbée à l'arrivée de nouveaux migrants, un chômage récurrent. Au mieux peut-on espérer une cote mal taillée entre « l'éthique de conviction » et « l'éthique de responsabilité ».

CHAPITRE 9

LA FRANCE
D'UN HYPOTHÉTIQUE CENTENAIRE

Ayant hérité, en théorie, de bons gènes d'un père qui avait allégrement franchi les cent ans en pleine verdeur intellectuelle, je peux m'octroyer le droit d'imaginer la France de 2050 telle que je la verrai peut-être. Ce n'est pas une distance historique très éloignée ; elle est égale à celle qui nous sépare de 1980. Dans les trente-cinq années écoulées, le monde a connu un changement majeur : la fin du communisme, la disparition de l'Union soviétique, le passage de la Chine au capitalisme et donc la victoire définitive du marché à l'échelle de la planète.

Pendant cette période, l'Europe a muté, s'élargissant aux anciennes démocraties populaires et se dotant d'un noyau dur plus solide autour de l'euro. Quant à la France, elle ne s'est transformée qu'à la marge : de plus grandes contraintes macroéconomiques ; un chômage plus élevé ;

des tensions internes plus sensibles. Ce sont des inflexions secondaires comparées aux soubre-sauts que notre pays a connus parfois, pendant des séquences pourtant plus brèves, par exemple entre 1789 et 1815... C'est avec ces références à l'esprit, donc avec le sens du relatif, que j'aborde le jeu des scénarios.

Quel environnement international en 2050 ? Connaîtrons-nous un monde de plus en plus multipolaire, animé par des secousses peut-être difficiles à gérer mais hors d'état d'induire une déstabilisation majeure ? Ou un élément nou-veau, peut-être en germe ou totalement imprévu, mettra-t-il à bas la capacité de la société mon-diale de s'autoréguler cahin-caha ?

La stabilité s'identifie au décor tel qu'il s'est dessiné aujourd'hui. Des Etats-Unis concentrés sur leur pré carré, limitant leurs interventions extérieures au minimum, peu enclins à jouer les hyperpuissances comme dans les années qui ont suivi la disparition de l'URSS, gérant une relation avec la Chine sans tension extrême, faite de com-pétition et de coopération. Une Chine, elle, assez dominatrice vis-à-vis de son immédiate périphé-rie mais se refusant à passer de l'influence à l'ex-pansion territoriale. Un Moyen-Orient incapable de se stabiliser comme il le fit au XXe siècle sous l'influence des accords Sykes-Picot ; une « guerre de trente ans » entre sunnites et chiites, sans qu'elle déborde sur un affrontement nucléaire ; un Israël en paix froide autant avec l'Iran qu'avec les Etats sunnites, Arabie Saoudite en premier. Une Afrique en pleine croissance économique, perturbée par des tensions locales à propos de frontières de plus en plus artificielles, mais sans dégénérer dans des conflits incontrôlables. Une Amérique du Sud tirée par un Brésil de plus en plus puissant et des pays hispanophones qui ont découvert le cercle vertueux entre la croissance et la démographie. Une Russie avec un régime mi-autocratique mi-démocratique, une économie chaotique sauvée par l'exportation du pétrole et du gaz, voisin incommode mais désormais simple puissance régionale plus que mondiale, malgré la perpétuation d'un arsenal nucléaire impressionnant. Cette hypothèse-là dessine un monde tendu, aux prises avec des difficultés récurrentes mais toujours contrôlées et solubles. Elle ignore toute déstabilisation majeure, susceptible de rebattre les cartes.

Si celle-ci advient néanmoins, quelle peut-elle être ? Une Chine qui ne résiste pas aux tentations impérialistes, et qui bouleverse la carte de la région à coups d'annexions territoriales, au premier rang desquelles Taïwan. Une telle volonté de puissance obligerait les Etats-Unis à

« montrer les dents » et à redevenir interventionnistes afin de préserver un relatif équilibre en Asie. Ainsi, à la guerre froide des années cinquante en Europe succéderait, un siècle plus tard, un nouvel avatar que seule la peur du suicide nucléaire empêcherait de dégénérer en un conflit militaire de grande échelle.

Autre déstabilisation possible, un peu du même type, mais cette fois du côté de la Russie, celle-ci passant du statut de voisin incommode à une posture d'agression. Soit vis-à-vis de ses anciennes possessions baltes, au risque de tester la solidarité, en principe automatique, des pays de l'OTAN. Soit à l'égard d'une Ukraine occidentale devenue en fait neutre comme l'était la Finlande du temps du stalinisme, ce qui constituerait un rude défi pour une alliance occidentale affaiblie. Soit à propos des pays de son flanc sud, anciennes républiques soviétiques sur lesquelles elle voudrait reprendre la main et qu'aucun traité d'alliance ne protège.

Ultime déstabilisation hors du jeu classique des puissances et donc de grande ampleur. Peut-être est-ce la plus plausible : un accident nucléaire, une cyber-attaque, un désastre écologique hors normes, une guerre de surpopulation. Ce peut être un incident atomique local au Moyen-Orient, entre un Iran nucléaire et Israël, entre ce même Iran et une Arabie Saoudite elle-même nucléarisée ou entre le Pakistan et l'Inde, à rebours du statu quo que ces deux pays ont su maintenir depuis des décennies. Mais le risque le plus probable est un geste de terrorisme nucléaire, un groupe fanatisé se procurant soit une des milliers de bombes tactiques issues de l'ancien Empire soviétique, soit une arme bricolée loin du regard international, dans tel ou tel califat, avec l'aide de savants nucléaires mystiques ou vénaux.

De toutes les secousses envisageables c'est, de loin, la plus perturbante. Elle ne suscite pas, comme une Chine ou une Russie soudainement impérialistes, une guerre froide, une montée presque aux extrêmes, un jeu diplomatique angoissant mais classique. En cas de terrorisme nucléaire, ce ne sont plus les Etats qui sont les seuls acteurs mais les sociétés civiles, les opinions publiques. C'est un « 11 Septembre » d'ampleur mondiale avec, à la clef, des modifications de comportements profondes au sein de chaque pays, un durcissement sécuritaire à rebours de nos principes démocratiques, un ostracisme incontrôlable vis-à-vis des populations dont seraient issus les éventuels terroristes, donc une mutation dévastatrice de notre modèle de société.

De la même manière, une cyber-attaque qui immobiliserait un grand pays, voire même les Etats-Unis, mettrait-elle aussi les sociétés civiles en première ligne, avec des risques comparables de révolution des comportements, et donc un saut dans l'inconnu. Tout ce qui ressortit à l'inattendu – désastre écologique d'une ampleur inimaginable, conflits violents de surpopulation – aboutit au même bouleversement. L'irruption des opinions publiques à l'occasion d'épouvantables traumatismes collectifs dessine un panorama qui échappe au jeu codé, prévisible, modelé par les antécédents historiques, tel qu'il se perpétue entre les grands Etats.

Quelle Europe au cœur de ce monde-là ? Il existe en théorie trois évolutions possibles. Là aussi, au premier chef, une forme de statu quo. Celui-ci rime avec un renforcement empirique mais régulier de la zone euro, sans grand pas institutionnel en avant, mais avec une succession de mesures qui assurent une intégration grandissante et la mettent à l'abri de crises du style 2008-2009. Autour d'elle, une Europe qui, sous l'influence britannique, ressemble davantage à un espace de libre-échange qu'à un marché intégré. Ce sont des pas en avant moins ambitieux que les grandes étapes passées – marché unique, création de l'euro.

Autre possibilité : une zone euro qui se mue en espace politique, tant le degré de coopération s'est accru. Un gouvernement économique, une harmonisation fiscale, un marché financier unifié : autant de progrès qui, dans un monde dominé par l'économie, créent un *affectio societatis* politique. Si s'y ajoute, sous la menace extérieure, une intégration militaire, l'ensemble constitué par les pays membres à la fois de l'euro, de Schengen et du cercle militaire, représenterait le vrai acteur politique européen, fût-il amputé d'un Royaume-Uni attaché à son insularité.

Existe aussi, malheureusement, la troisième hypothèse : une Europe de plus en plus affaiblie, voire même engloutie. Ce serait moins un acte brutal qui y conduirait qu'une succession de dérapages : un accord de Schengen vidé de substance sous les coups de boutoir de migrations que les pays membres essaient de cantonner en pratiquant le « chacun-pour-soi » ; un euro qui, au rythme des crises, perd tel ou tel de ses membres ; une concurrence exacerbée entre Etats pour attirer les investissements, qui finit par faire litière des règles communes ; des soliloques nationaux au fur et à mesure de l'accession des partis populistes au pouvoir.

Ces scénarios sont naturellement dépendants des hypothèses relatives à l'évolution mondiale.

Si cette dernière s'apparente, plus ou moins, au statu quo, seules deux Europes sont envisageables : l'une, elle-même en statu quo, l'autre en déliquescence. Il est difficile d'imaginer un renforcement massif de la construction communautaire sans tension internationale. Si cette dernière, en revanche, se produit, l'Europe ira naturellement vers davantage d'intégration. Le vrai père de l'Europe des Six fut – souvenons-nous-en – bien davantage Joseph Staline que Jean Monnet. Parmi les secousses possibles, un affrontement sino-américain est le moins directement efficace pour conforter l'Union : trop loin, trop indirect. C'est plutôt la solidarité atlantique qui prendrait le pas sur la dynamique européenne. Si la perturbation vient en revanche de Russie, l'efficacité sera maximale : comme depuis plus d'un demi-siècle, chaque coup de patte venu de Moscou rend les Allemands plus européens et l'Europe continentale, de ce seul fait, plus solide. Au cas où la perturbation serait nucléaire, et prendrait en particulier la forme du terrorisme atomique, les pays européens, Royaume-Uni compris, se rapprocheraient les uns des autres, parallèlement à une résurrection du lien atlantique. Ce serait une intégration plus empirique que formelle, plus stratégique qu'économique, plus militaire que fiscale.

Quant à la France, elle aussi peut connaître, grossièrement parlant, trois évolutions. Le statu quo : il ne s'agit pas bien évidemment d'une société immobile, mais d'évolutions millimétrées, telles celles entre les années quatre-vingt et aujourd'hui. Une croissance économique assez médiocre, un sous-emploi récurrent, une immigration mal maîtrisée, un sentiment collectif d'incertitude, une succession, à chaque élection, d'alternances qui témoignent, dans ce pays hautement politisé, des frustrations de la population, un recul relatif à l'échelle du monde, mais un pays dont, acquise au fil des siècles, la richesse tient encore lieu d'amortisseur. Un reste de lustre international donnerait l'illusion aux Français d'exister encore ; un régime institutionnel toujours stable fabriquerait l'image abusive d'un Etat toujours debout ; des réussites accidentelles, économiques, culturelles ou sportives serviraient de placebo à un patriotisme en voie d'effacement.

Autre possibilité, que nul ne peut exclure : le rebond. Les effets positifs enfin sensibles d'une excellente démographie ; une politique de rétablissement de la compétitivité telle qu'elle fut menée de 1985 à 1997 ; une efflorescence de start-up dans les nouvelles technologies, facilitée par l'excellence de la formation mathématique ; un modèle d'intégration qui, sans retrouver son efficacité d'antan, réussirait à effacer les exclusions les plus criantes ; un niveau de formation qui rejoindrait les meilleurs européens ; un chômage, certes récurrent, mais qui tomberait à un chiffre tolérable ; un leadership réaffirmé en Europe avec, en vis-à-vis, une Allemagne affaiblie par son vieillissement ; une présence artistique, intellectuelle, culturelle digne de l'après-guerre.

Enfin, troisième hypothèse, plus débilitante, un « scénario sous-houellebecquien ». Une intégration de plus en plus difficile ; une population musulmane faisant fond sur le communautarisme ; une vie politique gangrenée par un populisme qui se glisserait plus ou moins subrepticement dans les rouages du pouvoir ; une situation économique si médiocre que les tensions et les inégalités s'exacerberaient ; un chômage purulent qui ajouterait deux générations perdues de plus à celles que la France actuelle a déjà laissées en route ; une vie culturelle qui se nécroserait, se provincialiserait, se marginaliserait ; un exode des cerveaux qui ne devrait rien à la fiscalité mais à la lassitude devant la médiocrité ambiante ; une France, homme malade de l'Europe, que nos voisins regarderaient avec autant d'inquiétude que de mépris ; un nationalisme médiocre, un repli sur soi, une xénophobie qui se nourriraient de l'héritage des pires périodes de notre histoire.

Comment ces trois scénarios s'emboîtent-ils avec les évolutions plausibles du monde et de l'Europe ? Le double statu quo mondial et européen laisse ouvertes les trois hypothèses. On peut imaginer, dans un tel contexte, aussi bien une France toujours entre deux eaux, qu'une France en pleine résurrection ou au contraire en voie de « houellebecquisation » : son destin ne dépend, dans ce panorama-là, que d'elle. Mais il est clef pour l'évolution de l'Europe.

Si notre pays rebondit, son poids, son influence sont tels qu'ils entraîneront une dynamique positive pour l'Union européenne. Si, au contraire, il se nécrose, il signera la fin ou au moins l'affaiblissement du projet communautaire.

Si le monde est soumis à de vrais spasmes, plusieurs cas de figure sont plausibles. En cas de guerre froide, voire presque chaude en Asie, l'incidence sur l'Europe serait minime et il en irait de même, a fortiori, pour la France : à elle de choisir l'un de ses trois destins possibles. Si la déstabilisation vient de Moscou, le renforcement inévitable de l'Union européenne interdit un enfoncement « houellebecquien », mais il n'a aucune incidence sur l'alternative rebond ou statu quo. Si le choc vient d'un terrorisme de grande ampleur, a fortiori nucléaire, ou d'une cyber-attaque massive, la solidarité atlantique et euro-péenne devrait se renforcer, mais elle laisserait ouvertes les options françaises. La réponse peut être populiste, xénophobe, communautariste, donc « houellebecquienne » ; l'hypothèse du rebond n'est pas exclue mais elle ne trouvera pas ses racines dans le basculement international ; elle ne vien-dra que du fond de nous-mêmes. Quant au statu quo, il représente la ligne de plus grande pente.

Résultat de ces configurations croisées : si omniprésent que soit notre environnement, il ne conditionne pas, sauf exception, notre évolution. Nous avons plus de chances d'aller dans la bonne direction dans un monde qui va bien, mais ce n'est pas une certitude. Et à l'inverse, les chaos internationaux ne nous poussent en rien vers le déclin ; ils constituent même autant d'occasions de rebonds.

Nous sommes donc pour l'essentiel face à nous-mêmes. Aucune rationalité ne permet de donner une plus grande plausibilité à tel ou tel scénario. A chaque observateur de se détermi-ner en fonction de son tempérament personnel. M'affichant comme le seul « ashkénaze opti-miste », je ne peux croire à l'hypothèse du pire : la victoire conjuguée du communautarisme et du populisme. Ce pays est trop civilisé, trop modelé par l'histoire – y compris la mauvaise qu'il s'est, par moments, imposée à lui-même – pour se laisser entraîner sans réagir sur une pente fatale.

En revanche, entre le statu quo et le rebond, je confesse, malgré cet optimisme chevillé au corps, mes incertitudes. La richesse de la France est si profonde qu'elle lui a évité de se retrouver dos au mur, comme d'autres pays l'ont été à leur corps défendant. Permet-elle encore de ruser avec la réalité ? Cela devient de moins en moins plausible. L'effort collectif à accomplir peut demeurer modéré : c'est la perpétuation du statu quo. S'il est significatif, sans être aussi massif que chez nombre de nos partenaires, le rebond serait assuré. En fait, avec un prix raisonnable à payer, nous pouvons, en quelques années, nous retrouver au firmament de l'Europe. Comment imaginer que, dotés d'une intelligence collective telle que la nôtre, nous ne fassions pas ce choix-là ?

* *

*

En 2050, protégé par la grâce d'un ADN solide ou par les progrès de la médecine en matière d'Alzheimer, je m'interrogerai sur cette histoire française entamée presque cent vingt ans plus tôt, en 1931. Que se serait-il passé ailleurs ? La France était-elle le bon choix ? A-t-il mieux valu devenir français qu'américain ou anglais ? Ma réponse sera, je l'espère, comme elle l'est aujourd'hui : oui, cent fois oui. Américain, j'aurais appartenu au ghetto juif élitiste de New York, très américain mais aussi, à sa façon, très insulaire. Anglais, j'aurais, avec un peu de chance, connu une intégration, comme les enfants Miliband et quelques autres, conduisant peut-être à la pairie mais vous laissant un zeste d'étrangeté que le système se plaît à mettre en exergue. Allemand, j'aurais, à condition que mes parents aient survécu, bénéficié de la rente, faite de mauvaise conscience et de respect, que l'Allemagne démocratique réserve à ses Juifs et qui les met, *nolens volens*, un peu à part.

J'aime la phrase rapportée par Emmanuel Levinas et qu'aurait prononcée son père, ukrainien, au moment de l'affaire Dreyfus : « Le pays qui s'enflamme pour un petit capitaine juif est celui où il faut aller. » La France demeure, à mes yeux, ce pays-là. L'identité française restera, je l'espère, suffisamment forte en 2050 pour permettre à chacun de la fabriquer, comme aujourd'hui, à sa main. L'histoire, la langue, les valeurs, la relation au monde, la laïcité, les mythes républicains, le culte du terroir, l'amour des grandes gloires littéraires, la manière d'être... Point n'est besoin de tout endosser. Autant de pièces parmi lesquelles piocher, pour fabriquer demain comme aujourd'hui, tel un puzzle, sa propre francité.

J'appartiens, pour ma part, à la génération qui a assuré la transition entre l'histoire de la guerre qui nous fut contée et l'ère de l'individu numérique. Mon bricolage identitaire est né de ces attractions contraires : nulle part ailleurs il n'aurait été aussi naturel. Chacun peut être français à sa main.

C'est ce don-là que Dieu, l'Histoire, le Destin – au choix ! – a fait à notre vieux pays.

TABLE

DU MÊME AUTEUR *(suite)*

chez d'autres éditeurs :

L'INFORMATISATION DE LA SOCIÉTÉ, *avec Simon Nora*, Le Seuil, 1978.

L'APRÈS-CRISE EST COMMENCÉ, Gallimard, 1982.

L'AVENIR EN FACE, Le Seuil, 1984.

LE SYNDROME FINLANDAIS, Le Seuil, 1986.

LE NOUVEAU MOYEN ÂGE, Gallimard, 1993.

CONTREPOINTS, *recueil d'articles*, Le Livre de Poche, 1993.

DEUX FRANCE ?, *avec Philippe Séguin et Eric Laurent*, Plon, 1994.

LA FRANCE DE L'AN 2000, Odile Jacob, 1994.

L'IVRESSE DÉMOCRATIQUE, Gallimard, 1994.

ANTIPORTRAITS, Gallimard, 1995.

LA MONDIALISATION HEUREUSE, Plon, 1997.

LOUIS NAPOLÉON REVISITÉ, Gallimard, 1997.

AU NOM DE LA LOI, Gallimard, 1998.

SPINOZA, UN ROMAN JUIF, Gallimard, 1999.

LE FRACAS DU MONDE : JOURNAL DE L'ANNÉE 2001, Le Seuil, 2002.

JE PERSISTE ET JE SIGNE, CONTREPOINTS II, *recueil d'articles*, Le Livre de Poche, 2002.

Cet ouvrage a été imprimé en France
par CPI
en septembre 2015

Mise en pages PCA, 44400 Rezé

N° d'édition : 19037 - N° d'impression : 130641
Dépôt légal : octobre 2015